智者的思想哲学

王子安◎主编

汕头大学出版社

图书在版编目（ＣＩＰ）数据

智者的思想——哲学 / 王子安主编. -- 汕头 ：汕头大学出版社，2012.5（2024.1重印）
ISBN 978-7-5658-0781-7

Ⅰ．①智… Ⅱ．①王… Ⅲ．①哲学－青年读物②哲学－少年读物 Ⅳ．①B-49

中国版本图书馆CIP数据核字（2012）第096769号

智者的思想——哲学

主　　编：王子安
责任编辑：胡开祥
责任技编：黄东生
封面设计：君阅天下
出版发行：汕头大学出版社
　　　　　广东省汕头市汕头大学内　　邮编：515063
电　　话：0754-82904613
印　　刷：三河市嵩川印刷有限公司
开　　本：710 mm×1000 mm　1/16
印　　张：16
字　　数：90千字
版　　次：2012年5月第1版
印　　次：2024年1月第2次印刷
定　　价：69.00元
ISBN 978-7-5658-0781-7

前　言

　　浩瀚的宇宙,神秘的地球,以及那些目前为止人类尚不足以弄明白的事物总是像磁铁般地吸引着有着强烈好奇心的人们。无论是年少的还是年长的,人们总是去不断的学习,为的是能更好地了解与我们生活息息相关的各种事物。身为二十一世纪新一代的青年,我们有责任也更有义务去学习、了解、研究我们所处的环境,这对青少年读者的学习和生活都有着很大的益处。这不仅可以丰富青少年读者的知识结构,而且还可以拓宽青少年读者的眼界。

　　智慧是产生社会文明的基础。因为有了智慧,所以才产生了各种物质文明、精神文明的成果,从而创造了历史。哲学,其实就是种训练、优化、提升思维与智慧的艺术。在西方,哲学就是"爱智慧";而在中国,哲学更是最高水平的文明成果。作为人类社会文明的最高成就,哲学始终牢牢掌握着智慧的最高点。本文讲述的即是跟哲学相关的知识,共分为六章。分别介绍了古希腊、罗马哲学,中世纪与文艺复兴时期的哲学、近代哲学、德国古典哲学、现代西方哲学以及中国哲学的相关内容,条理清楚,简单易懂,能一定程度上拓宽青少年学生的知识面,已达到增长青少年知识水平的目的。

　　综上所述,《智者的思想——哲学》一书记载了哲学知识中最精彩的部分,从实际出发,根据读者的阅读要求与阅读口味,为读者呈现最有可读性兼趣味性的内容,让读者更加方便地了解历史万物,从而扩大青少年读者的知识容量，提高青少年的知识层面，丰富读者的知识结构，引发读者对万物产生新思想、新概念，从而对世界万物有更加深入的认识。

此外，本书为了迎合广大青少年读者的阅读兴趣，还配有相应的图文解说与介绍，再加上简约、独具一格的版式设计，以及多元素色彩的内容编排，使本书的内容更加生动化、更有吸引力，使本来生趣盎然的知识内容变得更加新鲜亮丽，从而提高了读者在阅读时的感官效果，使读者零距离感受世界万物的深奥、亲身触摸社会历史的奥秘。在阅读本书的同时，青少年读者还可以轻松享受书中内容带来的愉悦，提升读者对万物的审美感，使读者更加热爱自然万物。

尽管本书在制作过程中力求精益求精，但是由于编者水平与时间的有限、仓促，使得本书难免会存在一些不足之处，敬请广大青少年读者予以见谅，并给予批评。希望本书能够成为广大青少年读者成长的良师益友，并使青少年读者的思想得到一定程度上的升华。

2012年7月

目　录
contents

第一章

古希腊、罗马哲学

　　欧洲文化起源于地中海沿岸，更确切地说是起源于地中海东部的爱琴海峡和希腊半岛。所以，我们通常认为希腊哲学是欧洲哲学史的开端。这个时期是欧洲古代文化的繁荣时期之一，颇类似于中国古代的春秋战国时期，可谓百家争鸣，百花齐放。学派众多，观点杂陈是这一时期的特点。这种环境其实对哲学发展是极为有利的，所谓真理不辩不明，正是在不同流派和观点的激烈论争中，希腊哲学形成了西方哲学发展史上的一个高峰。

　　古希腊哲学又称古希腊罗马哲学，是公元前6—公元5世纪出现在希腊本土以及地中海沿岸，特别是小亚细亚西部、意大利南部的哲学学说，是西方哲学最初发生和发展的阶段。

　　古典希腊哲学，或称早期希腊哲学集中在辩论与质询的任务。在很多方面，它同时为现代科学与现代哲学铺设了道路。早期希腊哲学家对后世产生的影响从未间断，从早期的穆斯林哲学到文艺复兴，再到启蒙运动和现代的普通科学。

　　希腊时期的哲学论争围绕世界本原和世界的存在方式等问题而展开。泰勒斯认为"万物的本原是水"，毕达哥拉斯认为"数是万物本原"，而赫拉克利特则认为"世界是一团不断地转化的活火"。这时期还出现了苏格拉底、柏拉图、亚里士多德等对西方哲学影响深远的伟大哲学家。

　　从这些哲学家那里我们可以把希腊哲学的精神大致归结为两条：一是非宗教精神，如普罗泰戈拉的"人是万物的尺度"；一是思辩精神，论辩、推理等思维方式在苏格拉底等先哲的言论和著作中都有所体现。这两个精神是理解希腊哲学基本问题的钥匙。

米利都学派

希腊城市米利都是一座富饶的港口和商业中心，在这个工商业发达的城邦，务实的环境产生了朴素的唯物主义思想。大约在公元前6世纪，米利都学派创立，包括三位重要的思想家：泰勒斯、阿纳克西曼德和阿纳克西美尼，他们的思想观点排除了当时神造世界万物的迷信，激起了人们探索世界本源的强烈兴趣。

米利都学派是古希腊哲学的创始学派，其特色是从具体物质形态中寻求万物统一性，这个统一性的基础就是万物的本原或始基。何谓"始基"？始基就是物的起始、本源和归宿；是万物存在的根据和构成元素；是万物生灭基础与说明的原则。万物由它产生，最后又复归于它。

◆ **泰勒斯：万物源于水**

泰勒斯（约公元前624年—前547年），是米利都学派的创始人，也是公认的西方哲史上第一位哲学

泰勒斯像

家。

泰勒斯第一个提出了"世界的本原是什么？"这一哲学问题，并给出了自己的答案：水是万物的本原。至于他提出这一断言的理由是什么，据亚里士多德说："他得到这个想法，也许是由于观察到万物都以湿的东西为养料，热本身就是从湿气里产生，靠湿气维持的（由此产生万物的东西即是本原）。这是引起他的想法的一个事实。另一个事实是：万物的种子都有潮湿的本性，而水是潮湿本性的来源。"

如果万物都是各种形式的水，那么所发生、所变化的万物就必定都可以通过适用于水的规律加以说明。水无论如何都不是神秘的东西，它可以被感知，是人们所熟悉的。这意味着，宇宙间的万事万物，都是可以为人类思想所理解的，就像水一样也是可理解的。也就是说，没有任何东西是神秘的、不可理解的，不可理解的神或魔都

没有任何存在的余地。泰勒斯把思想从mythos进步到了logos，从神话思维进步到了逻辑思维，他打破了神话传统。虽然在泰勒斯的思想中这一种转变并不很彻底，此后的哲学家们也有所反复，但泰勒斯的确开启了一个新的时代，他代表着人类理智征服宇宙的发令枪声。

◆ **阿那克西曼德：无限者**

米利都学派的第二位哲学家是阿那克西曼德（约公元前610—前546年），他是泰勒斯的朋友和学生。阿那克西曼德从泰勒斯的前提出发，对本原问题作了另外的回答。他觉得，如果水转变为土、土转变为水，如果水转变为气，气转变为水等等，那就意味着任何事物都转变为任何事物，我们同样可以说土或气，或者别的东西是始基，这就成为逻辑上任意的事情了。据此，他主张始基是apeiron，意思是"无定"，没有任何规定性的东

火圈破裂产生太阳、月亮、星辰

西。它既没有具体的性质，也没有任何具体的形状，更没有固定的大小。阿那克西曼德认为，世界万事万物就是由这个"无定"产生出来的。"无定"本身包含有冷和热这两种对立物，永恒的运动把它们分离出来，热形成了一个火圈，火圈破裂后就产生出太阳、月亮和其他星辰，大地和环绕它的空气是冷产生的。地球上的第一批生物是在潮湿中产生的。人是由鱼变来的，因为人在胚胎时很像鱼。阿那克西曼德认为，万物是"无定"产生的，万物消灭后又要回到"无定"中去，这是命运规定的。根据时间的安排，万物都要为对他物的损害而进行补偿，得到报应。

由此我们可以看出，阿那克西曼德的思想比泰勒斯的思想前进了一大步。他用"无定"这种原始的混沌物质说明万物的产生比用水说明要合理得多。在他的哲学中最先有了对立和规律的思想。在他看来，冷和热这两种对立物是统一在"无定"之中的。他说的"命运"实际上就是必然性或自然规律。世界上的一切变化，不管是由"无定"产生万物，万物消灭回到"无定"，还是水、火、土、气在数量上的增减，都是遵循必然性或自然规律进行的。这种主张避免了泰勒斯观点中的逻辑困难，但他用非感性的东西来说明感性的现象，从实验科学的角度来说是一个损失。

◆ 阿那克西美尼：气

阿那克西美尼（约公元前588—前526年），是米利都学派的第三位哲学家。他是阿那克西曼德的朋友和学生。据说，他最先区分开行星和恒星，认识到冰雹是由雨冻成的，虹是由太阳光投射到极浓厚的

美丽的彩虹

云层上产生的。

阿那克西美尼大概觉得"无定"是一种很难把握的东西，所以他认为本原应是有定的东西，就是气。气并不是神创造的，相反，神却是来自气。世界上一切事物都是由气的凝聚和疏散而形成的。当气疏散时，它就变成火；当它凝聚时，先是变成云，进而变成水，然后形成大地、石头。灵魂也不是别的东西，而是使我们成为一体并主宰我们的气。

十分明显，阿那克西美尼为米利都学派的哲学增加了非常可贵的思想。他用气的凝聚和疏散的运动比阿那克西曼德用冷和热两种对立的性质说明具体事物的产生有更深刻的哲学意义。在西方哲学史，他开创了用事物量的变化来说明事物在性质上的区别的历史。还有，他认为灵魂是气的思想，也开了西方用唯物主义观点解释精神现象的先河。

爱菲斯学派——赫拉克利特

爱菲斯学派产生于伊奥尼亚的爱菲斯城邦，其代表人物是赫拉克利特。赫拉克利特哲学的主要特征是强调变化。他认为，世界上的一切事物都处在永恒的变化之中，并认为事物的流转变化遵循着一定的秩序或规律。由于他对事物运动变化的规律的理解包含着丰富的辩证

赫拉克利特

法思想，因而他被称为"辩证法的奠基人之一"。

◆ 火本原说

赫拉克利特（约公元前530—前470年），是爱菲斯人，出身于贵族世家。他是一个性格孤傲的人，蔑视民众，厌恶政治，既反对暴君的专制，也反对民主制。传说他放弃了家族世袭的主祭祭司的职位，长期隐居山林，过着离群索居的生活，后得水肿病去世。他曾写过一本

《论自然》的书，并且保留下一百多条残篇。因其思想深邃，文字含蓄，故有"晦涩哲人"之称。

赫拉克利特继承了米利都学派自然哲学的传统，从具体的物质形态中寻找万物的本原。他认为，世界的本原不是水，也不是气，而是火，是"永恒的活火"。他指出："这个世界，对于一切存在物都是一样的，它不是任何神所创造的，也不是任何人所创造的；它过去、现在、未来永远是一团永恒的

火

活火，在一定的分寸上燃烧，在一定的分寸上熄灭。"赫拉克利特认为，火之所以是万物的本原，是因为它比其他元素更活跃，更富于变化。他认为，世界万物起源于火，又复归于火，火与万物之间的转化生成关系是："一切转为火，火又转为一切，有如黄金换成货物，货物又换成黄金。"

那么，世界是怎样生成于火，又复归于火的呢？赫拉克利特把火与万物之间的转化生成看成是火的燃烧和熄灭，并描述了这一运动过程。他认为，火熄灭变成气，气浓缩变成水，水凝固变成土壤这是火的熄灭过程，他称之为"下降的路"；反过来，土消融变成水，水蒸发变成气，气燃烧又变成火，这是火的燃烧过程，他称之为"上升的路"。在赫拉克利特看来，正是以火为基质的火、气、水、土这四种元素的相互转化生成了世界万物。他还认为：

"上升的路和下降的路是同一条路""在圆周上，起点和终点是重合的"。因此，整个世界就是一个以火为起点和终点的周而复始、以至无穷的运动变化过程。他甚至断言，每隔一个"大年"（即10800年），世界就将在一场大火中焚毁，然后又从火中产生出一个新的世界，就像神话中的凤凰涅槃。这就是赫拉克利特描述的以火的燃烧和熄灭为模式的，带有循环论特色的宇宙变化过程。

从表面上看，赫拉克利特的火本原说和米利都学派一样，也是把某种具体的物质性的东西当作万物的基质，但是，与米利都学派不同的是，他同时还赋予火以秩序或规律的内涵。赫拉克利特认为，作为万物本原的火不仅是"一团永恒的活火"，而且是"在一定的分寸上燃烧，在一定的分寸上熄灭"的。所谓"分寸"当指秩序或规律，它体现了火的本性，是活火中的永恒

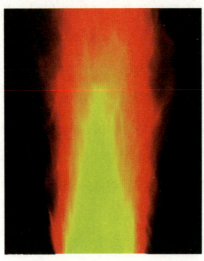

火

不变的原则。这说明，在赫拉克利特哲学中，火作为万物的本原，不仅是指一种运动着的物质性的基质，而且，更重要的是，它同时也是指变化着的东西中的不变的同一原则，即火与世界万物运动变化所遵循的固定不变的秩序或规律。显然，赫拉克利特的本原观较之米利都学派的思想更为复杂、更为深刻，因为它同时揭示了本原的基质和原则这两层含义，并且是从一与多、永恒与变化的关系中理解和把握本原的。

◆ 逻各斯学说

赫拉克利特把事物运动变化所遵循的不变的秩序或规律称之为"逻各斯"。逻各斯是希腊文的音译，原义是"话"，后转义为说出的"道理、理性、规律"。在赫拉克利特的哲学中，这个词第一次被赋予本原的含义，特指事物运动变化的本性或内在原则。赫拉克利特认为，逻各斯是作为本原的火的本性，他说："这个火是赋有思想的，并且是整个世界的原因。"火凭借逻各斯而主宰一切，因此，万物都根据逻各斯而产生，一切都遵循逻各斯。在他看来，逻各斯就是神、命运或必然性。据艾修斯记载："赫拉克利特说神就是永恒的流转着的火，命运就是那循着相反的途程创生万物的逻各斯。"艾修斯还指出："赫拉克利特断言一切都遵照命运而来，命运就是必然性。他宣称命运的本质就是那贯穿宇宙实体的逻各斯。逻各斯是一种以太的物体，是创生世界的种子，也是确定了的周期的尺度。"所以，逻各斯和火实际上是相互联系的，是同一本原的两个不同的方面。就此而言，逻各斯指的是火及万物运动变化的秩序或规律，它是客观的、永恒的，是多中之一、变中的不变。另一方面，赫拉克利特又强调："逻各斯是驾驭一切的思想"，是"灵魂所固有的"。他说："思想是人人所共有的""人人都秉赋着认识自己的能力和思想的能力"。就此而论，逻各斯又可被理解为理性、思想，它既是驾驭一切的客观理性，又是每个人都具有的，支配人的思维的主观理性。

在赫拉克利特看来，既然逻各斯就是万物的本原、本性，因此，智慧就在于认识逻各斯。他认为："博学并不能使人智慧""智慧只在于一件事，就是认识那善于驾驭一切的思想"。不过，认识逻各斯不是一件容易的事。赫拉克利特指

出，逻各斯"虽然是大家共有的，多数人却自以为是的活着，好像有自己的见解似的"。"他们即便听到了它，也不理解它，就像聋子似的。常言道，在场如不在，正是他们的写照"。逻各斯之所以不容易认识，主要是因为"自然喜欢躲藏起来"。这里的"自然"即"本性""逻各斯"，它是隐藏在可感事物背后支配事物运动变化的原则。按赫拉克利特的观点，具体事物是可感的，而事物的内在本性却是不可感的，只能靠思想、理性去认识。因为"思想是最大的优点；智慧就在于说出真理，并且按自然行事，听自然的话"。虽然只有理性才能把握逻各斯，但赫拉克利特并不否认感性在认识中的作用。他说："凡是能够看到、听到、学到的东西，都是我喜爱的"。"爱智慧的人必须熟悉很多东西"。这也说明，认识逻各斯的过程是艰难的，就像寻找金子的人一样，只有

金　子

在挖掘了许多土之后，才能找到一点金子。上述观点表明，赫拉克利特的哲学已经初步涉及到了认识论问题。

"逻各斯"是赫拉克利特哲学中的重要概念。自从赫拉克利特第一次提出逻各斯概念，并赋予它必然性和理性的含义后，这一概念或思想一直为西方众多哲学派别所沿用，尽管各派哲学对其理解不尽一致。在一定意义上可以说，"逻各斯"是西方传统哲学的核心范畴，它为西方哲学中的理性主义传统提供了永不枯竭的源头活水。

◆ 辩证法思想

作为辩证法的奠基者，赫拉克利特从世界是"一团永恒的活火"这一基本命题出发，第一次明确指出，一切事物都处在不停的运动变化之中。赫拉克利特否认宇宙是静止和常住不变的，因为这种状态只包含着死亡。他认为万物都在运动：永恒的事物永恒的运动着，暂时的事物暂时地运动着。所以，"一切皆流，无物常住"。他以川流不息的河流为喻，指出"我们不能两次踏进同一条河"，因为"踏进同一条河的人，不断遇到新的水流"。所以，"我们踏进又踏不进同一条河，我们存在又不存在"。他还说："太阳每天都是新的，永远不断地更新。"肯定事物运动的普遍性和绝对性，断言一切都存在，同时又不存在，因为一切都在流动，都在不断地变化，不断地产生和消失，这种观点正是赫拉克利特辩证思维方式的体现。

赫拉克利特对辩证法的贡献主要体现在他的逻各斯学说所包含的对立统一思想中。如前所述，逻各斯是事物运动变化的规律，而这一规律就是对立统一规律。正如列宁所说："在赫拉克利特看来，世界

美丽的日出

的基本规律（逻各斯，有时是必然性）是向对立面转化的规律。"赫拉克利特以格言的形式阐述了这一规律。其具体内容如下：

1. 对立面的统一。赫拉克利特认为，一切事物都包含着对立的两个方面，如一与多、冷与热、日与夜、善与恶、生与死、主与奴等。对立的双方是相反相成的。"疾病使健康成为愉快，坏事使好事成为愉快，饿使饱成为愉快，疲劳使安息成为愉快"。"如果没有不义，人们也就不知道正义的名字"。对立面又是相互统一的，即统一物是由两个对立的方面所组成。他说："相反的东西结合在一起，不同的音调造成最美的和谐。""自然也追求对立的东西，它是用对立的东西制造出和谐，而不是用相同的东西。"例如，自然将雄与雌相配，绘画是不同色彩的混合，词语是元音和辅音的结合。

2. 对立面的转化。赫拉克利特认为，对立的双方不仅是相反相成、相互联系、相互统一的，而且是相互转化的。例如："我们身上的生和死、醒和梦、少和老始终是同一的。前者转化，就成为后者；后者转化，就成为前者。"再如："冷的变热，热的变冷，湿的变干，干的变湿。"在他看来，对立的双方不是僵死的、凝固的，而是在不断地向着自己的对立面转化。对立面的转化正是以对立面的统一为前提的。

3. 对立面的斗争。赫拉克利特认为，事物之所以会发生转化，原因就在于对立面的斗争。他说："应当知道，战争是普遍的。正义就是斗争，一切都是通过斗争和必然性而产生的。""战争是万物之父，也是万物之王。它使一些人成为神，使一些人成为人，使一些人成为奴隶，使一些人成为自由人。"赫拉克利特认为，斗争是事物运动变化的根源，如果斗争从大地上消失，宇宙将不复存在。

此外，从对立统一的观点出发，赫拉克利特还提出了认识的相对性思想。他认为，任何事物都具有两面性，都是相对的，事物性质的差异取决于认识主体和评价标准的不同。例如："海水最干净，又最脏：鱼能喝，有营养；人不能喝，有毒。""驴爱草料，不要黄金。""最美的猴子同人类相比也是丑的。""在神看来人是幼稚的，正如在成人看来儿童是幼稚的。"这是赫拉克利特认识论中

海洋中的鱼儿

的辩证法思想。

赫拉克利特的辩证法思想无疑是正确的、丰富的，但毕竟还是原始的、朴素的。这不仅是因为时代的局限，而且还在于，这种用格言和比喻的方式表现出来的思想本身就包含着模糊性和猜测性。

毕达哥拉斯学派

◆ 起源与发展

毕达哥拉斯曾旅居埃及，后来又到各地漫游，很可能还曾去过印度。在他的游历生活中，他受到当地文化的影响，了解到许多神秘的宗教仪式，还熟悉了它们与数的知识及几何规则之间的联系。旅行结束后，他才返回家乡撒摩斯岛。由于政治的原因，他后来迁往位于南意大利的希腊港口克罗内居住。并

埃及金字塔

腿肚子是金子做的。毕达哥拉斯相信人的灵魂可以转生，有人为了嘲弄他的宗教教义而传言，一次当他看到一只狗正遭人打时，他便说："别打了，我从他的声音中已认出，我朋友的灵魂是附在了这条狗身上了。"

在那里创办了一个研究哲学、数学和自然科学的团体，后来发展成为一个有秘密仪式和严格戒律的宗教性学派组织。

毕氏学派认为，对几何形式和数字关系的沉思能达到精神上的解脱，而音乐却被看作是净化灵魂从而达到解脱的手段。

有许多关于毕达哥拉斯的神奇传说。如：他在同一时间会出现在两个不同的地方，被不同的人看到；还有传说，当他过河时，河神站起身来向他问候："你好啊，毕达哥拉斯"；还有人说，他的一条

如果有人要想加入毕氏团体，就必须接受一段时期的考验，经过挑选后才被允许去听坐在帘子后面的毕达哥拉斯的讲授。只有再过若干年后当他们的灵魂因为受音乐的不断熏陶和经历贞洁的生活而变得更加纯净时，才允许见到毕达哥拉斯本人。他们认为，经过纯化并进入和谐及数的神秘境界，可以使灵魂趋近神圣而从轮回转生中得到解脱。

◆ **内容介绍**

毕达哥拉斯学派亦称"南意大

利学派"，是一个集政治、学术、宗教三位于一体的组织，由古希腊哲学家毕达哥拉斯创立。产生于公元前6世纪末，公元前5世纪被迫解散，其成员大多是数学家、天文学家、音乐家。它是西方美学史上最早探讨美的本质的学派。

毕达哥拉斯学派认为数是万物的本原，事物的性质是由某种数量关系决定的，万物按照一定的数量比例而构成和谐的秩序；由此他们提出了"美是和谐"的观点，认为音乐的和谐是由高低长短轻重不同的音调按照一定的数量上的比例组成，"音乐是对立因素的和谐的统一，把杂多导致统一，把不协调导致协调。"这是古希腊艺术辩证法思想的萌芽，也包含着艺术中"寓整齐于变化"的普遍原则。他们认为天体的运行秩序也是一种和谐，各个星球保持着和谐的距离，沿着各自的轨道，以严格固定的速度运行，产生各种和谐的音调和旋律，即所谓"诸天音乐"或"天体音乐"。他们认为，外在的艺术的和

毕达哥拉斯像

谐同人的灵魂的内在和谐相合，产生所谓的"同声相应"。他们还认为音乐大致有刚柔两种风格，对人的性格和情感产生陶冶和改变，强调音乐的"净化"作用。

他们偏重于美的形式的研究，认为一切平面图形中最美的是圆形，一切立体圆形中最美的是球形。据说他们最早发现了所谓"黄金分割"规律，从而获得了关于比例的形式美的规律。

毕达哥拉斯学派的美学观点是客观唯心主义的，对柏拉图、新柏拉图主义及文艺复兴时期的艺术家们都产生了深远影响。

◆ **当代研究**

毕达哥拉斯学派的当代研究主题主要集中在人的美学和社会归正，在这方面，当代人学家张荣寰将政治、学术、宗教回归到人的上升即人格及其生态的上升这一人类命运第一命题中，将一个科学的人类学、一个哲学的人类学、一个神学的人类学来求出人存在的某一层面"个性和共性"关系的成果，即更高质量人格的人，在生物性层次、在历史性层次、在社会性层次、在自我性层次予以贯通，主要观点有：

1．人类幸福只能是人格社会的产物；是新人格，是新生态和谐共进的结果。

2．幸福不是宗派神学的禁欲体验，也不是礼教理学的享乐感受，更不是金钱地位的无限欲望，而是信念和向往实现的人格满足。

3．重视人的价值，要求提高人的思维能力及创造性潜力，鼓励积极作为的人生态度，提倡积极开拓的精神。

4．人人能够信仰真理。

5．以真诚的民主来反映现代社会人高智慧的社会存在。

6．提高人在群体公共事物中的智慧能力，在个人、家庭、团体、组织、国家、乃至联合国的制度中，让人与人相互之间的关系和谐发展。

7．宗教改革、文艺复兴和法制复兴的终极目标是人的归正。

爱利亚学派

爱利亚学派是早期希腊哲学中最重要的哲学流派，产生于公元前6世纪意大利南部爱利亚城邦。一般认为，爱利亚学派有四位代表人物。克塞诺芬尼是他们的先驱，巴门尼德是爱利亚学派的奠基人和领袖，芝诺和麦里棱则起着捍卫、修正和发展巴门尼德的理论的作用。该学派前后延续了1个世纪，在西方哲学史上具有重要地位。

◆ 克塞诺芬尼的一神思想

克塞诺芬尼（约公元前565—前473年），是一个游吟诗人。他本是伊奥尼亚的科罗封城邦人，后来不知什么原因被驱逐出母邦，到西西里度过了一生。他在贵族举行的宴会上吟诵荷马、赫西俄德的诗和他自己创作的诗篇，换取贵族的施舍果腹。他写的诗篇有哀歌、讽刺诗，还有关于科罗封和爱利亚城邦的叙事诗，现在保存下来的只有118行。克塞诺芬尼并不只是一个游吟诗人，也是一位反传统的哲学家。在保留下来的一个残篇中，他说：应该赞美那些在饮酒之后仍然表现出高尚思想，并且记住美德的人。不要去歌颂传说、神话和史诗中所传说的宙斯和泰坦巨人们的斗争，因为那些都是先辈们的虚构；也不要去歌颂城邦里那些无益的纷争，唯有崇敬神才是善行。克塞诺芬尼在他的哀歌、讽刺诗和叙事诗中批判了在赫西阿德和荷马诗篇中表现

西西里一景

出来的希腊人对神的传统看法。在当时希腊人的心目中，神并非像我们东方人认为的那么神圣。

相反地，他们认为神不只是具有人的形象，还具有人的各种属性，和人一样干各种坏事，偷盗、奸淫、彼此欺诈。克塞诺芬尼尖锐地讽刺了对神的这种看法。他认为，人们都是仿照自己的样子塑造神的，埃塞俄比亚人说他们的神是狮子鼻、黑皮肤；色雷斯人说他们

的神是蓝眼睛、红头发。他甚至讽刺说，倘若马和狮子都有手，而且像人一样都能用手画画和塑像的话，马一定会画出或塑成马形的神像，狮子则会画出或塑成像狮子的神像。他认为，人们传颂的神干的各种邪恶的事，都是无稽之谈，是荷马和赫西阿德把人间的无耻丑行加到诸神身上的。克塞诺芬尼的这些思想都是非常有意义的，它们在西方哲学史上最早表明了是人创造

了神，而不是神创造了人。

从现存的资料看，克塞诺芬尼的哲学思想主要有三方面：关于神、关于万物的生成和关于真理认识。对爱利亚学派有直接影响的是他关于神的观点。克塞诺芬尼对于神话中流行的神人同形同性论进行了讽刺性的批判，并且在此基础上提出了自己关于神的新见解。首先，神是唯一的。"唯一的神，在所有的神祇和人中最伟大，无论是形体还是思想都和有死亡之物不同"。其次，神是不动的。"他永在同一处，所以永无运动，在不同时间到不同地方对他是不合适的，他毫不费力地用理智的思想主宰一切。"最后，"他全视、全思、全听"。

神是唯一的、不动的、主宰一切的，这是克塞诺芬尼思想的核心内容。正是这些内容，被他的学生巴门尼德接受和改造，从而创立了著名的存在论。

克塞诺芬尼的哲学是从神学到

神 庙

哲学的过渡，或者说是理性神学。他和神庙里的祭司或占卜者根本不同，也和一般的游吟诗人不同；他是用泰勒斯以来的哲学成果，对神的问题进行理论探讨的。他的学说也和伊奥尼亚哲学及毕达哥拉斯学派不一样，不是传统的自然哲学，而是关于神的哲学——理性神学。（毕达哥拉斯学派的哲学也讨论神，但主要还是从探讨自然的本原而得出数的哲学的。）理论本身的这种神学—哲学的性质，决定了后来它对哲学和神学有相当的影响。

◆ **巴门尼德的存在哲学**

巴门尼德（约公元前515年—

巴门尼德的学说中把"一"认为是球形

前5世纪中叶以后），是一位诞生在爱利亚（南部意大利沿岸的希腊城市）的古希腊哲学家。他是前苏格拉底哲学家中最有代表性的人物之一。他认为没有事物会改变，我们的感官认知是不可靠的。

巴门尼德活动于公元前6世纪末至前5世纪中叶以后，鼎盛期约当公元前五世纪上半叶。他受克塞诺芬尼关于神是不动的"一"的理论影响，依靠抽象形象，从感性世界概括出最一般的范畴"存在"。认为存在是永恒的，是一，连续不可分；存在是不动的，是真实的，可以被思想；感性世界的具体事物是非存在，是假相，不能被思想。他认为，没有存在之外的思想，被思想的东西和思想的目标是同一的。他第一次提出了"思想与存在是同一的"命题，并著有哲学诗《论自然》。

巴门尼德的学说表现在一首《论自然》的诗里。他以为感官是骗人的，并把大量的可感觉的事物都斥之为单纯的幻觉，唯一真实的存在就是"一"。一是无限的、不可分的。它并不是象赫拉克利特所说的那种对方面的统一，因为根本就没有对立面。举例来说，他显然认为"冷"仅仅意味着"不热"，"黑暗"仅仅意味着"不光明"。巴门尼德所想象的"一"并不是我们所想象的上帝；他似乎把它认为是物质的，而且占有空间的，因为他说它是球形。但它是不可分割的，因为它的全体是无所不在的。

巴门尼德把他的教训分成两部分：分别地叫作"真理之道"和"意见之道"。后者我们不必去管它。关于真理之道他所说过的话，就其保存了下来的而论，主要观点如下："你不能知道什么是不存在的，那是不可能的，你也不能说出它来；因为能够被思维的和能够存在的乃是同一回事。"那么现在存在的又怎么能够在将来存在呢？或者说，它怎么能够得以存在的呢？如果它是过去存在的，现在就不存在；如果它将来是存在的，现在也不存在。因此就消灭了变，也就听不到什么过渡了。"能够被思维的事物与思想存在的目标是同一的；因为你绝不能发现一个思想是没有它所要表达的存在物的。"这种论证的本质便是：当你思想的时候，你必定是思想到某种事物；当你使用一个名字的时候，它必是某种事物的名字。因此思想和语言都需要在它们本身以外有某种客体。而且你既然可以在一个时刻而又在另一个时刻同样地思想着一件事物或者是说到它，所以凡是可以被思维的或者可以被说到的，就必然在所有的时间之内都存在。因此就不可能有变化，因为变化就包含着事物的产生与消灭。

在进入巴门尼德哲学前，先做一个关于"存在"的说明，这样会有利于我们更好的理解巴门尼德关于"存在"的思想。

1. 在英文中表达"存在"的三个变化形式：（在英语中与存在相应的词汇是动词be）

"存在"这一概念对于我们日常生活一般的理解是指现有（或曾经有的）某（类）事物之性质，或单纯指某某事物。而在希腊文中"存在"这一概念所涵盖的意思比较多，且随着它们的语法变化其涵义也有所区别，现举例它在英语中的表达，因为希腊文在键盘上无法呈现，好在它们都是欧语系，基本意义比较相近。

变化之一是，"is"它是动词原型be变化而来。在句子中一般与"it is"连用来表示"存在"，它有两种含义，当is作实义动词时，表示为"在"，而作系动词时表示"是"。从抽象程度来看，前者不如后者。

变化之二是，"to be"动词不定式，它的否定形式表示"不是"或"不在"，而当这个不定式在句中作主语时，其否定形式则译作"非是"或"非存在"。其抽象程度比系动词is更高。

变化之三是，be的名词化being，表示"是……的那个东西"或"在那个东西"也可译为"是者"或"在者"，加上否定意为"非是者"或"非在者"。"being"在中文里一般译作"存在者"，加上复数的话，译为"诸存在者"。它的抽象程度为最高，因为完全名词化了。

上述诸多意义在中文里都译作"存在"之意，所以我们中文和英文、希腊文之间的认知差异是可想而见的。这也是大多数人在学巴门尼德的"存在"观念（或柏拉图的"理念论"以及"本体论"这些理论都以"存在"为核心观念的）时常常会遇到理解的困难之所在。

2. "存在"一词在西方哲学的发展中其内涵是在不断的演变的

巴门尼德之"存在"观是第一次撇开了自然事物的具体性（尽管不是完全意义上的），概括出万物共同具有的、最普遍的一个属性——"存在"，这样在抽象性上达到了空前未有的高度，是哲学上的一个里程碑式的进步；但在另一方面，我们不能把这个概念理解为近代意义上的"存在"，他当时还没有达到那么高的抽象程度，因为他的"存在"还占据空间，是充满空间的，但却是有界限的，所以还没有完全摆脱具体的物体性。

巴门尼德关于存在的思想具有划时代的意义，对于希腊哲学乃至整个西方哲学的形成和演变产生了不可估量的影响。在某种意义上说，巴门尼德的这个唯一的、永恒的、不动的、完满的、作为思想对象的"存在"，是对事物最普遍的

意大利半岛

属性的概括和抽象，在普遍性、抽象性和稳固性等方面乃是前人所说的水、气、火、数、神等都无法与之比拟的，因而能够最终脱颖而出，成为西方哲学（尤其是西方古典哲学）研究的主要对象。

◆ 芝诺对存在哲学的辩护

芝诺（埃利亚）约公元前490年生于意大利半岛南部的埃利亚；约公元前425年卒。尽管巴门尼德的哲学思想对后来的哲学演变产生了深远的影响，然而在当时却没有为大多数哲学家所接受。这主要是因为他的理论虽然新颖、深刻，但是却由于与千变万化的自然现象明显抵触，从而使他的思想很难为整体水平尚处于直观表象阶段的同时代哲学家们所理解和容忍，因此难免遭到非议。

公元5世纪的评论家普罗克洛斯在给这段话写的评注中说，芝诺从"多"和运动的假设出发，一共推

出了40个各不相同的悖论。芝诺的著作久已失传，亚里士多德的《物理学》和辛普里西奥斯为《物理学》作的注释是了解芝诺悖论的主要依据，此外还有少量零星残篇可提供佐证。现存的芝诺悖论至少有8个，其中关于运动的4个悖论尤为著名。

芝诺的辩护从形式上看使用的都是归谬法，如果说巴门尼德论证存在是一，而芝诺论证存在不是多。他提出四个著名的论证：（1）"二分辩"；（2）"追龟辩"；（3）"飞矢不动辩"；（4）"运动场辩"。其中最有名的是第二个"阿基里追龟"。阿基里是希腊跑得最快的英雄，而乌龟则爬得最慢。但是芝诺却证明，在赛跑中最快的永远赶不上最慢的，因为追赶者与被追赶者同时开始运动，而追赶者必须首先到达被追赶者起步的那一点，如此类推，他们之间存在着无限的距离，所以被追赶者必定

永远领先。

芝诺的论证表明他不承认运动本身就是矛盾，运动是时空的间断性和连续性的统一，由此否认运动的可能性。但他从反面揭示了有限与无限、时空的间断与连续的矛盾，对辩证法思想发展有重要意义。

◆ 恩培多克勒的"四根"说

恩培多克勒（约公元前490—前430年），是西西里岛的人。他是民主派领袖，因酷爱自由，宁愿过简单的生活，而拒绝担任城邦的执政者。他曾周游希腊各地，并用自己的知识为人们解除肉体和精神的痛苦。他是一位杰出的医生，是"修辞学的创始人"。作为一个自然哲学家和科学家，他曾做过实验证明空气是一种物质，从而揭示出一个看不见的物质世界的存在。

阿克拉加纳一景

在本原问题上，恩培多克勒提出了"四根"说。他认为万物的本原不是某一种物质性的基质，而是火、水、土、气四种元素，它们是"化生万物的四个根"。他把这四种元素看成是构成万物的永恒基质。恩培多克勒认为，不同性质的具体事物是由火、水、土、气四种元素按不同的比例相混合而形成的。

他又提出"爱憎"说：四根不动，是爱与憎使万物分离与组合。"爱"是使元素结合的力量，"憎"是使元素分离的力量、一从多产生，多又从一分解而产生。"爱"与"憎"是相互对立而又相对联系的力量，普遍存在，相互作用使万物发展变化。

◆ 阿那克萨戈拉的"种子"说

阿那克萨戈拉（约公元前500—前428年），是伊奥尼亚的克拉左美奈人，出身名门望族，因对财富、政治均无兴趣而一心献身于研究自然。据载，他是阿那克西美尼的学生，20岁左右来到雅典，在那里讲授哲学达30年之久。他被认为是第一个把哲学带到雅典的人。

在本原问题上，阿那克萨戈拉提出了"种子"说。他认为，构成万物的基本元素既不是一种，也不是四种，而是无数的具有特殊性质的"种子"。种子是永恒存在的，它不生不灭，也不能互相转化。种子是数目无限多，体积无限小，性质各不相同的物质微粒。

那么，是什么力量推动这些种子使它们混合或分离的呢?在这个问题上，阿那克萨戈拉也和恩培多克勒一样，在元素之外，又设定了一种能动性的本原，即"心灵"或"理智"（希腊文的音译为"奴斯"）。奴斯是宇宙的原动力，不与他物混合，单独而独立。他把物质运动归于外因论。在古希腊哲学史上，阿那克萨戈拉第一次明确提

雅典的阿克罗波利斯

出了一种不同于物质的精神性的动力因。黑格尔从唯心主义的观点出发对此大加赞赏，认为在阿那克萨戈拉的哲学中"有一道光芒开始放射出来"。

◆ 德谟克利特与原子论

　　德谟克利特（约公元前460—前370年），是阿布德拉人，原子论的主要代表。他出身于一个富商家庭，少年时代受过良好的教育。为了追求知识，他把全部财产都用于学习和游历。据说，他到过埃及、巴比伦、埃塞俄比亚，甚至印度。他曾在雅典听过阿那克萨戈拉的演说，并和苏格拉底讨论过哲学。德谟克利特是一个知识渊博的学者，马克思称其为"经验的自然科学家和希腊人中第一个百科全书式的学者"。

　　原子论的创始人是留基波，德谟克利特为原子论的主要代表人

埃塞俄比亚一景

物。德谟克利特认为，万物的本原或根本元素是"原子"和"虚空"。"原子"在希腊文中是"不可分"的意思。德谟克利特用这一概念来指称构成具体事物的最基本的物质微粒。原子的根本特性是"充满和坚实"，即原子内部没有空隙，是坚固的、不可入的，因而是不可分的。德谟克利特认为，原子是永恒的、不生不灭的；原子在数量上是无限的；原子处在不断的运动状态中，它的唯一的运动形式是"振动"。与阿那克萨戈拉的"种子"不同，原子没有性质上的差异，只有形状、次序、位置上的区别。

德谟克利特还阐发了原子自动和必然性的思想。原子是自己运动，产生结合与分离。原子运动有直线运动，相碰撞产生涡漩运动。他认为一切都是由必然性而产生，涡漩运动是一切事物形成的原因。影像说是朴素的反映论。原子会流射一种极细的东西，携带事物本身影像，作用人的感官孔道形成感觉。思想也是精细影像由感官作用心灵原子而形成。

德谟克利特主张物质生活方面的知足、适度，心灵上求得安适宁静，提倡一种合理的幸福主义。否认有所谓不死的神的存在，把神的存在归结为原子的运动和原子结合分离的必然性，因此神灵有死，等于宣传了无神论。

◆ **普罗泰戈拉的"人是万物的尺度"**

"人是万物的尺度",是普罗泰戈拉最著名的命题。人"是存在的事物存在的尺度,也是不存在的事物不存在的尺度"。认为人是衡量一切事物的标准,把哲学的发展由自然转向人,人开始成为哲学的中心。尽管带有浓厚的主观意味,如将冷热、好坏等事物性质看作是人的主观感觉的产物,否定事物性质的客观性,应用到认识论中就是把感觉作为知识,但它毕竟一反传统的神是万物的尺度,把人作为主宰万物的力量,抬高了人的地位,贬低了神的地位,体现了人本主义的精神。它明显强调了人的能动性,从而突出了认识的主体性,反映了古希腊哲学由研究客体到研究主体的过渡。

◆ **怀疑主义第一人——高尔吉亚**

高尔吉亚(约公元前483—前375年),公元前5世纪古希腊哲学家和修辞学家,著名的智者。他是西西里岛雷昂底恩城人,约生于公元前483年。早年随恩培多克勒学习修辞、论辩、自然哲学和医学。公元前427年,高尔吉亚为请求联合反对叙拉古而出使雅典,晚年在特萨里亚的拉里萨居住。高尔吉亚继承了恩培多克勒的学说,他认为感觉是由自然物发出的流溢物进入人的感官孔道而产生的。他的哲学思想集中反映在他对"非存在"的论证中。

高尔吉亚利用爱利亚学派的论辩方法,得出了与爱利亚派学说截然相反的"三个命题":

(1)无物存在。他提出,如果有物存在,则该物或者是存在,或者是非存在,或者既是存在又是非存在。然后他通过反证法进行了一系列逻辑论证,证明这三者都不能成立,因而结论只能是什么都不存在。

(2)即使有某物存在,我们

西西里岛雷昂底恩城一景

也无法认识它。他论证说，如果我们所思想的东西真实存在，那么凡是我们思想到的东西都是真实存在的。但实际上我们却可以思想到并不存在的东西，比如6头12足女妖、吐火怪兽等等，这说明我们的思想是不可靠的，存在是认识不到的。

（3）即使我们可以认识某物，我们也无法把它告诉别人。因为我们告诉别人时使用的信号是语言，而语言同存在物并不是一个东西，我们告诉别人的就只能是语言而不是存在物。高尔吉亚的这种一切皆无、一切都不可知、一切都不可言说的主张，鲜明地体现了怀疑主义和不可知论的特征。

苏格拉底哲学

苏格拉底（公元前469—前399年），出生于雅典的一个手工业者家庭。父亲是雕刻匠，母亲是助产婆。传说苏格拉底其貌不扬，且性格特别。子承父业不久，他便弃商从事哲学和社会政治活动。苏格拉底平时生活像一个智者，以教育青年为己任。他的对话式教学方法也有智者的风格。他自称自己是"爱智慧者"。这与自诩"有智慧者"的智者有本质的区别，他不收取学费，更反对诡辩和似是而非的夸夸其谈。

苏格拉底认为：神

苏格拉底像

有目的地创造了万物，万物也因追求一定目的存在，人生的目的就是追求道德上的"至善"。他提出"美德即知识"，反对智者派的个人主义，主张人们应当"自知自无知"。他也反对唯物主义的反映论，认为道德观念是内在的，认识就是认识自己。苏格拉底的方法即古代意义上的"辩证法"，主张通过揭露对方意见中的矛盾以求得真理，包括讽刺、助产术、归纳、结论或定义四个环节，已经触及到人类认识从个别到一般的过程。

古人说，苏格拉底是第一个把哲学从天上拉回到人间的人。这句话的意思是说，从苏格拉底起哲学才从对自然的研究转向对人类认识和道德的研究。苏格拉底强调，哲学不能单纯地研究自然，而不知有用处的人事问题，比如正义、明智、适宜、勇敢、虔诚等德性的定义，治国的道理，统治者的品质等。不研究这些人事问题而猜测天上的事物就是不务正业，不通晓人事问题的人连奴隶都不如。

◆ **心灵的转向**

从智者开始，古希腊哲学由注重对自然本身的研究转变到注重对社会伦理和人的研究。但他们只停留在感性的阶段，只能得出相对主义的结论。到苏格拉底时才根本改变了这种状况。苏格拉底要求作"心灵的转向"，把哲学从研究自然转向研究自我，即后来人们所常说的，将哲学从天上拉回到人间。他认为对于自然的真理的追求是无穷无尽的，感觉世界常变，因而得来的知识也是不确定的。苏格拉底要追求一种不变的、确定的、永恒的真理，这就不能求诸自然外界，而要返求于己，研究自我。他的名言是认识你自己。从苏格拉底开始，自我和自然明显地区别开来，人不再仅仅是自然的一部分，而是和自然不同的另一种独特的实体。

◆ 灵魂不灭说

苏格拉底关于灵魂的学说，进一步使精神和物质的分化明朗起来。苏格拉底以前的哲学家，早已有灵魂不灭的说法，已经有唯心主义和唯物主义对立的萌芽。但在他以前的哲学家对于灵魂的看法还比较模糊，有的还将灵魂看成是最精细的物质，因而，唯心主义和唯物主义的界限还不明确。到苏格拉底时才明确地将灵魂看成是与物质有本质不同的精神实体。在苏格拉底看来，事物的产生与灭亡，不过是某种东西的聚合和分散。他将精神和物质这样明确对立起来，成为西方哲学史上唯心主义哲学的奠基人。

逝者灵魂想象图

◆ 寻求事物的普遍定义

据亚里士多德记载，苏格拉底放弃了对自然世界的研究，想在伦理问题上求得普遍真理，开始为事物寻求定义。他反对智者们的相对主义，认为"意见"可以有各种各样，"真理"却只能有一个；"意见"可以随个人以及其他条件而变化，"真理"却是永恒的、不变的。在柏拉图早期对话中，讨论的主题几乎都是如何为伦理道德下定义的问题。苏格拉底所追求的，是要求认识"美自身""正义自身"，这是美和正义的普遍定义，是真正的知识，也就是柏拉图所说的"美的理念""正义的理念"。这是西方哲学史上"理念论"的最初形式。苏格拉底还进一步指出，自然界的因果系列是无穷无尽的，如果哲学只去寻求这种因果，就不可能认识事物的最终原因。他认为事物的最终原因是"善"，这就是事物的目的性。他以目的论代替了对事物因果关系的研究，为以后的唯心主义哲学开辟了道路。

◆ 助产术和揭露矛盾的辩证法

苏格拉底认为一切知识均从疑难中产生，愈求进步疑难愈多，疑难愈多进步愈大。苏格拉底承认他自己本来没有知识，而他又要教授别人知识。这个矛盾，他是这样解决的：这些知识并不是由他灌输给人的，而是人们原来已经具有的；人们已在心上怀了"胎"，不过自己还不知道，苏格拉底像一个"助产婆"，帮助别人产生知识。苏格拉底的助产术，集中表现在他经常采用的"诘问式"的形式中，以提问的方式揭露对方提出的各种命题、学说中的矛盾，以动摇对方论证的基础，指明对方的无知；在诘问中，苏格拉底自己并不给予正面的、积极的回答，因为他承认自己无知。这种方式一般被称为"苏格拉底的讽刺"。苏格拉底的这种方法是由爱利亚学派的逻辑推论和爱利亚的芝诺的反证法发展而来的。在苏格拉底的讽刺的消极形式中存在着揭露矛盾的辩证思维的积极成果。苏格拉底自比产婆，从谈话中用剥茧抽丝的方法，使对方逐渐了解自己的无知，而发现自己的错误，建立正确的知识观念。这种谈话也有几个特点：第一、谈话是藉助于问答，以弄清对方的思路，使其自己发现真理。唯在谈话进行中，苏氏则偏重于问，他不轻易回答对方的问题。他只要求对方回答他所提出的问题，他以谦和的态度发问，由对方回答中而导引出其他问题的资料，直至最后由于不断的诘询，使青年承认他的无知。在发问的过程中，苏氏给予学生以最高

的智慧，此即有名的苏格拉底反诘法。苏格拉底的这种方法，在西方哲学史上，是最早的辩证法的形式。

从哲学思想的发展看，苏格拉底提出精神实体和物质实体的区分，使唯心主义和唯物主义的对立脱离了早期哲学的朴素状态，进入更加成熟的阶段；他将早期希腊哲学家们格言式的伦理思想提到了哲学的高度；他以逻辑辩论的方式启发思想、揭露矛盾，以辩证思维的方法深入到事物的本质。这一切对哲学思维的发展都有贡献。但是，他作为西方哲学史上第一个系统的唯心主义哲学家，开始了夸大主体和理性、夸大抽象思维，以哲学唯心主义的神话代替宗教神话的时代。

柏拉图哲学

柏拉图出身雅典贵族，早年师从哲学家苏格拉底。苏格拉底被雅典民主政权以破坏宗教和毒害青年的罪状处死后，柏拉图曾游历埃及等地。回雅典后，他创办学园，授徒讲学，并撰写哲学对话录，直到死时为止。柏拉图的对话录总共有四十多篇，内容涉及政治、伦理、文艺、教育以及当时争辩激烈的一些哲学问题，最著名的是体现他的政治纲领的《理想国》。

◆ **理念论**

世界分为"可见世界"和"可知世界"。"可见世界"是由具体事物组成的、肉眼可见的不真实物质世界；"可知世界"是不变的、唯一真实的、绝对存在的理念世界；理念是原本，个别事物是理念的影子或摹本，具体事物是"分有"或"模仿"理念——理念分为若干等级——具体事物的理念，数学的理念，艺术或道德的理念——最高的理念是善，善是创造世界一切的力量与源泉，善好比太阳。

◆ **认识论——"回忆"说**

学习就是回忆灵魂进入肉体之

柏拉图与苏格拉底

前所具有的理念知识的过程。

"四线段"比喻依据两个世界的理论，把认识分为两大部分：意见和知识——意见包含想象（对实际东西的影像的认识）和信念（对实际东西的认识）；知识包含理智

有一个洞穴式的地下室，一条长长的通道通向外面，有微弱的阳光从通道里照进来。有一些囚徒从小就住在洞穴中，头颈和腿脚都被绑着，不能走动也不能转头，只能朝前看着洞穴后壁。在他们背后的

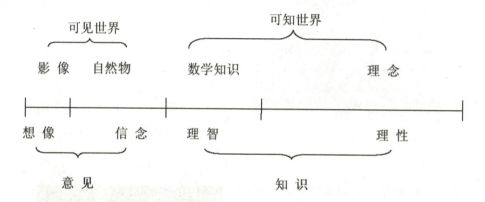

（通过推理获得数学知识）和理性（通过辩证法对理念的认识）——以图表示：

◆ "洞穴"比喻

柏拉图作了一个著名的比喻，其直接目的是要揭示"受过教育的人与没受过教育的人的本质"的不同及相关问题，人们一般称之为"洞穴喻"。在这个比喻中，柏拉图作了如下设想：

上方，远远燃烧着一个火炬。在火炬和人的中间有一条隆起的道路，同时有一堵低墙。在这堵墙的后面，向着火光的地方，又有些别的人。他们手中拿着各色各样的假人或假兽，把它们高举过墙，让他们做出动作，这些人时而交谈，时而又不做声。于是，这些囚徒只能看见投射在他们面前的墙壁上的影像。他们将会把这些影像当作真实的东西，他们也会将回声当成影像所说的话。

柏拉图

◆ 理想国

柏拉图的《理想国》向我们描绘出了一幅理想的乌托邦的画面，国家应当由哲学家来统治。分三种等级：统治者、武士、劳动者；分别具有三种灵魂：理性、激情、欲望；三种德性：智慧、勇敢、节制；教育制度分为三个阶段：第一阶段，接受人文科学教育（宗教、音乐、读写，从怀胎到18岁）；第二阶段，第一、二等级接受为期四年的高等教育（20～30岁），第三阶段，挑选出优秀分子进行5年的

此时，假如有一个囚徒被解除了桎梏，被迫突然站起来，可以转头环视，他现在就可以看见事物本身了。但他们却以为他现在看到的是非本质的梦幻，最初看见的影像才是真实的。而假如有人把他从洞穴中带出来，走到阳光下面，他将会因为光线的刺激而觉得眼前金星乱蹦，以至什么也看不见。他就会恨那个把他带到阳光之下的人，认为这人使他看不见真实事物，而且给他带来了痛苦。

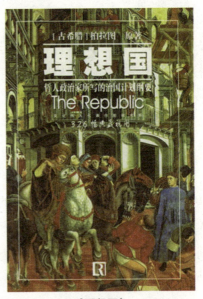

《理想国》

辩证法教育，培养哲学王。第一、二等级实行共产、共妻、共夫制，子女共有，生育按优生原则培养下一代。

亚里士多德的实体论

亚里士多德（前384—前322年），古希腊斯吉塔拉人，是世界古代史上最伟大的哲学家、科学家和教育家之一。亚里士多德是柏拉图的学生，亚历山大的老师。马克思曾称亚里士多德是古希腊哲学家中最博学的人物，恩格斯称他是古代的黑格尔。

亚里士多德师承柏拉图，主张教育是国家的职能，学校应由国家管理。他首先提出儿童身心发展阶段的思想；

赞成雅典健美体格、和谐发展的教育，主张把天然素质，养成习惯、发展理性看作道德教育的三个源泉，但他反对女子教育，主张"文雅"教育，使教育服务于闲暇。

亚力士多德

◆第一哲学

古希腊哲学家亚里士多德的用语，即后来所说的哲学。

他把知识分成理论科学、实践科学（指政治学、伦理学和理财学）及创作科学（指各种工艺技术及音乐、医学等）。理论科学包括第一哲学、第二哲学（即自然哲学）和数学。第一哲学即形而上学就是关于实体的学说，实体是所谓"有本身"或"作为有的有"。在《形而上学》第4、第6卷中，他探讨了第一哲学的对象和范围，认为其他各门具体科学都是以"存在"的某一方面为对象的，例如数学只研究"存在"的量的属性，而专门研究"存在"本身以及"存在"凭借自己的本性而具有的那些属性的科学，称之为第一哲学。亚里士多德认为它的研究范围包括：

1. 实体及其属性。

2. 事物存在的根源，即"四因"。

3. 各门科学共同遵循的原理，即思维的基本规律。

4. 范畴及其相互关系。

◆ 批判柏拉图的理念论

理念论无法说明，不运动的理念怎样成为运动着的个别事物的原因，个别事物是如何分有理念的，责难柏拉图否定个别事物的实在性，把一般与个别、实体与属性割裂开来，这个批判是对一般唯心主义的批判。

◆ 四因说

亚里士多德认为任何个别事物的形成和变化都有四种原因：质料因、动力因、形式因和目的因，后三者往往是统一的，因而四因可以归为形式和质料两因。个别事物就是形式和质料的统一。形式与质料的关系就是能动与被动、支配与被支配、追求与被追求、决定与被决定的关系。

四因说是古希腊科学家亚里士多德提出的一种观点，认为有"形式因""质料因""动力因""目的因"组成，其中目的因是终极的，是最重要的。他相信自然界的每一件事物都是由其目的的。

系统论的创始人贝塔朗菲把亚里士多德看成是系统思想的始祖，并指出："亚里士多德的论点'整体大于它的各个部分的总和'是基本的系统问题的一种表述，至今仍然正确。"

这一点在学界已得到公认。提出这样一种观点意味着对亚里士多德的"四因说"及自然哲学进行一种新的透视，其结果可能导致一种与传统观点大异其趣的"格式塔变换"。

学界公认，亚里士多德是古希腊自然哲学的集大成者，其著名的"四因说"便是集大成的产物。然而具体来讲，"四因说"是怎样集大成的？在学界还缺少一种清晰的说法。"四因说"是亚里士多德对古希腊早期自然哲学四大学派及随后思想发展的一种独到的概括和总结，一种全新的提炼和升华。

关于"四因"的来源，亚里士多德本人在《形而上学》一书中实际上有所提及。

首先，"质料因"即"事物所由产生的，并在事物内部始终存在着的那东西"，来源于以泰勒斯为首的米利都学派以及留基伯和德谟克利特的"原子论"。显然，从泰勒斯不定型的"水"到德谟克利特抽象的"原子"，作为万物之本所强调的都是"质料"的始基作用。

其次，"动力因"即"那个使被动者运动的事物，引起变化者变化的事物"，来源于赫拉克利特的"火"和恩培多克勒的"爱憎说"。毫无疑问，以"火"为万物之本所强调的是其善变的动力作

不定型的水

用，而"爱憎说"进一步把动力划分为吸引和排斥两个方面。

再次，"形式因"即事物的"原型亦即表达出本质的定义"，来源于毕达哥拉斯学派的"数"和柏拉图的"理念"。不难看出，以"数"和"理念"为万物之本所强调的实际上都是"通式"的定性作用。

最后，"目的因"即事物"最善的终结"，可追溯到巴门尼德的"存在"和阿那克萨歌拉的"理性"。因为，以永恒不变的"存在"为万物之本所强调的是因果的同一性，而以"理性"作为安排万物秩序的"善"更表明了其趋向性。通过对古希腊自然哲学发展的历史回顾，亚里士多德指出："人们似乎都在寻找我在《物理学》中指明的诸原因，他们再也没有找到过其它原因"。

可见，通过"四因说"可以对

古希腊早期自然哲学各流派和学说进行一种"对号入座"的整理，这一点在学界尚未引起注意。

作为集大成者，亚里士多德的功绩首先在于指出了"四因"在自然界的普遍性。其中"质料""动力""形式"的普遍性是不难想象的，而"目的"的普遍性则颇有争议。对此，亚里士多德是这样说明的："若有某一事物发生连续运动，并且有一个终结的话，那么这个终结就是目的……须知并不是所有终结都是目的，只有最善的终结才是目的。"无论在技艺制造活动中和在自然产生中都是这样，一个个前面的阶段都是为了最后的终结……既然技术产物有目的，自然产物显然也有目的，因为前面阶段对终结的关系在自然产物里。

伊壁鸠鲁学派

古希腊唯物主义者和无神论哲学家伊壁鸠鲁（公元前314年—公元前270年）创立的哲学派别。伊壁鸠鲁生在萨摩斯岛的一个教师家庭，曾在小亚细亚的许多城邦教授哲学，后来在雅典的一个花园里建立了自己的学校，称为"伊壁鸠鲁花园"，逐渐形成了伊壁鸠鲁学派。

伊壁鸠鲁的学说包括准则学、伦理学和物理学三个部分。

萨摩斯岛一景

◆ 准则学

伊壁鸠鲁所谓的准则学相当于现在所说的认识论，"准则"即真理的标准。伊壁鸠鲁认为这样的标准有三条：感觉、前定观念和感情。

伊壁鸠鲁克服了早期原子论对

感觉的不信任态度。当时有三种关于感觉的观点：

第一种是怀疑派的观点，认为所有的感觉都是不真实的。

第二种是逍遥派的观点，认为感觉的内容真假参半。

第三种是伊壁鸠鲁所持的观

点，认为所有的感觉都是真实的。

针对第一种观点，伊壁鸠鲁反驳说，判断感觉不真实的标准来自于感觉，没有完全独立于感觉之外的判断真假的标准；即使表面上看来与感觉不同的思想，归根到底也来自于感觉。他说，依据感觉的标准说所有感觉都不真实，这犯了自我否定的错误。针对策二种观点，他说，我们没有区分真实的感觉和虚假的感觉的标准。人所具有的各种感觉相互验证，而不相互矛盾。

"前定观念"是伊壁鸠鲁准则学的第二条标准。依伊壁鸠派的解释，前定观念是指示知识对象的一般观念。前定观念作为知识的基础，先于知识的其它部分而存在。否则便不能对知识的对象进行深入讨论和论证。伊壁鸠鲁认为，前定观念是"自明的"，是"名称最初所依赖的基础"，它们是知识的先决条件。在此意义上，这些观念是"前定"的。需要强调的是，前定

感觉意象

观念并不是先于感觉而存在的天赋观念；相反，它们是在感觉的基础上，经过重复和记忆的过程而获得的"观念菩积的普通性"。伊壁鸠鲁要求区别"关于普遍东西的普通感觉"和"关于个别东西的个别感觉"。前定观念可以被解释为普遍感觉，即适用于同一类所有个别情况的感觉。

作为真理第三条准则的感情主

要是指快乐和痛苦，主要用于人的选择活动。伊壁鸠鲁认为，人的道德选择符合趋乐避苦的自然感情。他的伦理学所依赖的正是这一感情标准。

◆ 物理学

在伊壁鸠鲁看来，感觉才是判断真理的标准。感觉是直接的，无所谓错误，错误只是发生在对感觉的判断上。他依照感觉经验，肯定物体存在，进一步发展了德谟克利特的原子论。修正了原子体积和形状有无限差别的观点，增加了重量与原子运动有关这一观点。他提出原子存在三种运动：因重量而产生

原子模型

的垂直下落运动、稍微偏离直线的偏斜运动和由此产生的原子碰撞运动。伊壁鸠鲁认为物体的颜色等可以感觉到的性质是客观的，人的感觉是可靠的，概念来源于感觉，克服了德谟克利特以及古代哲学家对感觉不信任的倾向，反对了怀疑论和柏拉图的先验论。

依照快乐主义的伦理学他还提出了最早的国家与个人契约性关系的观点。第欧根尼·拉尔修引过他在《生命的目的》一书中所说的话："如果抽掉了嗜好的快乐，抽掉了爱情的快乐以及听觉与视觉的快乐，我就不知道我还怎么能够想象善"。又说："一切善的根源都是口腹的快乐；哪怕是智慧与文化也必须推源于此"。他告诉我们说，心灵的快乐就是对肉体快乐的观赏。心灵的快乐之唯一高出于肉体快乐的地方，就是我们可以学会观赏快乐而不观赏痛苦；因此比起身体的快乐来，我们就更能够控制心灵的快乐。"德行"除非是指"追求快乐时的审慎权衡"，否则它便是一个空洞的名字。例如，正义就在于你的的行为不致于害怕引起别人的愤恨，这种观点就引到了一种非常有似于"社会契约论"的社会起源学说。

◆ 伦理学

伊壁鸠鲁认为快乐是幸福生活的开始和目的，是道德上的善。快乐就是身体健康、精神愉快，要获得快乐必须学习哲学和自然科学。他还提出社会契约论的萌芽思想，认为国家、法律、道德标准都是人们相互约定产生的。

斯多亚学派

雅典城有一个用希腊著名画家波立戈诺特的绘画装饰起来的富丽堂皇的画廊。大约在公元前308年，希腊哲学家们在这个地方创立了一个学派。画廊在希腊文中叫斯多亚，所以这个学派就叫斯多亚学派，也可以叫画廊学派。

斯多亚学派存在的时间很长，一般分为三个时期：早期斯多亚学派（从公元前308年—公元前2世纪中叶），代表人物有芝诺、克雷安德和克吕西波。它的特点是在自然哲学和认识论中有较多的唯物主义因素。中期斯多亚学派（公元前2世纪中叶—公元1世纪末），代表人物有巴内修斯和波塞唐纽斯。它的特点是抛弃了早期斯多亚学派的唯物主义成分，引进了相当多的柏拉图主义的理论。晚期斯多亚学派（公元1世纪—2世纪），代表人物是辛尼加、爱比克泰德和奥里略。它的特点是着重发展了宿命论和禁欲主义的伦理学。在这三个时期中，影响比较大的是早期和晚期两个学派，中期学派的影响不大。

◆ **早期斯多亚学派**

早期斯多亚学派的特点是：强调责任和品格，而不仅仅是禁欲主义从世界抽身而出。此外，斯多亚学派开始表述一种适用于所有人的自然法。斯多亚主义在越来越成为上层阶级的意识形态以后又有进一步的变化：对责任和品格的重视、

马可·奥里略像

对普遍法则的相信，这些对罗马上层阶级有吸引力，后者最后把斯多亚主义转变为一种国家意识形态。与此同时，下层阶级的犬儒主义的弃世特征受到压制，而一种以责任与坚强和负责的品格的培育为基础的支持国家的道德则占了上风。起初的遁世只留下一丝痕迹：对内在的和私人的东西与外在的和公共的东西之间的区分。斯多亚学派在私下里写下他们最内在的思想，而同时公开地履行他们对社会的责任。

早期斯多亚学派认为，哲学家必须具有三种德行，就是精确的逻辑训练、高尚的道德情操和渊博的自然知识，所以他们非常重视逻辑学、伦理学和自然哲学的研究。他们认为哲学的这三个部分不是相互分离的，而是结合在一起的。他们有人把整个哲学比为一个动物，认为逻辑学相当于动物的骨骼和筋腱，伦理学相当于肌肉，物理学相当于灵魂。也有的人把整个哲学比做一块肥沃的田地，逻辑学是包围田地的篱笆，物理学是土壤或果树，伦理学是果实。从这些比喻可以看出，他们对三部分的关系的认识并不完全一致。但是，一般说来，他们是重视伦理学和物理学的。物理学是他们整个哲学的基础，伦理学是整个哲学的归宿。

◆ 晚期斯多亚学派

　　罗马政体由共和国转变为帝国之后，斯多亚派几乎成为罗马帝国的"官方哲学"。第一任皇帝奥古斯都的两位教师都是斯多亚派哲学家，从他统治时期开始，斯多亚派不但活跃于宫廷，而且出现在一切公共场所；不但流行于贵族阶层，而且深入一般民众之中。这一时期斯多亚派代表人物中有从皇帝、大臣到奴隶的各阶层、各民族的人士，足见其传播范围之广。晚期斯多亚派的重要著作大多被完整地保留下来，都以拉丁文写成，因此又被称作罗马斯多亚派。罗马斯多亚派表现出罗马人不注重思辨、偏重务实的特征，缺乏希腊斯多亚派的理论系统性，但对人在世界的地位、人的社会责任和道德规范、合适的生活方式和内心修养的途径等直接关系到个人幸福的实践问题作了深入阐述。逻辑学和自然哲学不再受重视，伦理学与神学更密切地结合在一起，与罗马人的宗教信仰和生活方式相协调，为统治阶级提供精神支柱。罗马斯多亚学派的主要代表人物有辛尼加、爱比克泰德和奥里略。

今日罗马

与早期斯多亚学派相比，罗马斯多亚学派宣扬了一种更彻底的宿命论和禁欲主义。这里说宣扬，而不是信奉，是因为他们把伦理学变成了自己并不准备去做的伦理说教。他们企图用这种伦理说教去解决罗马社会的种种矛盾，其结果是社会矛盾不但没有解决，他们自己也葬身于社会矛盾之中。

但是，罗马时期的斯多亚学派最重要的功绩在于为罗马法观念的形成准备了一些条件。他们把早期的禁欲主义的、个人主义的遁世，转变为遁世和正直责任制间的一种张力。他们不再把一个人视为一个群体的有机部分，而是普遍法规和政府体制之下的一个个人。原则上所有个人在任何时候、任何地方都适用的法律之下都是彼此平等的，这里出现了最发达形态的自然法概念。

个人的世界是宇宙的一部分，

同样，个人的理性也是普遍理性的一部分。与此相应，人类法则适用于整个宇宙的永恒法则的诸个方面。我们之所以原则上可以把那些符合永恒法的社会法律与那些不符合永恒法的社会法律区别开来，就是因为这个缘故。这样我们就可以区别开这样两种法律，有些法律是由于其符合永恒法而有效的，有些法律之所以有效，是由于它们存在着。人类理性他的各种形式的基础都在于共同的世界理性，是给定的东西，是某种存在着的东西。这些自然法理论中的关键之处就是：法律的、政治的法则的基础是一个普遍的自然法则。斯多亚学派的这些观点被罗马政治家和法学家所采纳，形成了后拉法学中的自然法、帝国法、城邦法等多层次划分的依据。

宇　宙

第二章

中世纪与文艺复兴时期的哲学

　　欧洲中世纪哲学主要指公元5世纪到15世纪的经院哲学，它是西方哲学的第二个发展时期，这个时期被认为是哲学作为神学的婢女而存在。经院哲学有两个特征：一是它以"经院"（即教会或修道院办的学校）为生存环境；二是它以辩证法（即亚里士多德所说的论辩推理）为操作原则。上帝和天国是经院哲学研究的对象。这一时期的代表人物有奥古斯丁和托马斯·阿奎那，奥古斯丁称基督教为真正的哲学，认为"一切存在物都是上帝创造的"。托马斯·阿奎那是中世纪最重要的哲学家，托马斯主义不仅是经院哲学的最高成果，也是中世纪神学与哲学的最大、最全面的体系。

　　文艺复兴运动是15世纪发端于意大利的欧洲哲学发展的第二个春天，被划为欧洲哲学的第三个发展时期。这时，经院的神学与哲学在意识形态中失去了统治地位。文化上出现了大交替与大碰撞。这一时期的文化和宗教改革运动以"人文主义"为旗帜，人的发现和尊重人本身、尊重人的价值、尊严和自由成为这一时期的主题。人从上帝的被造物中解脱出来。人文主义是新兴资产阶级反封建的新文化运动，以人为中心，肯定人性、人的价值和尊严，反对禁欲主义、蒙昧主义，其核心是资产阶级的人性论。

　　本章将为读者简单介绍中世纪哲学的发展历程与杰出的人物，以飨读者。

中世纪哲学

◆ **早期中世纪哲学**

以奥古斯丁为代表的教父哲学在早期中世纪哲学中占统治地位，它吸收了新柏拉图学派和斯多亚学派的哲学思想。新柏拉图学派公开主张有神论，奥古斯丁在其影响下，把哲学与神学结合起来，以神为核心，信仰为前提，系统地论证了基督教的基本教义。他认为，物质世界是暂时的，灵界是永恒的，神是无限而永恒不变的超越存在。在神之中蕴含了万物的原型，灵魂只有与感官分离，才能认识真理，认识真理就是认识神。这种思想在此后基督教神学中居于统治地位。

继奥古斯丁之后，罗马哲学家波爱修斯翻译、注释亚里士多德著作，成为连结古代哲学与中世纪哲学的"桥梁"。他针对古代波菲利关于普遍与个别的问题，作出了自己的回答。波爱修斯认为共相存在于具体事物之中，而共相本身却不是物质性的。波爱修斯之后300年间，古典文化没落，仅有人作了若干保存古典文化的编纂工作。直到9世纪，爱尔兰哲学家爱留根纳才再次探索哲学问题。他运用新柏拉图学派哲学阐述基督教信仰，但对西欧哲学思想未产生重要影响。

◆ **中期中世纪哲学**

这一时期的哲学集大成者是托

马斯·阿奎，那他的哲学思想主要体现在以下四个方面：（1）提出所谓关于上帝存在的宇宙论证明和目的论证明。从万物的存在推断世界的第一因、动力因、目的因（即上帝）的存在。这在发展亚里士多德哲学的唯心主义方面，适应了基督教的需要。

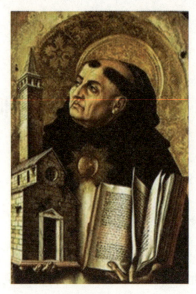

托马斯·阿奎那

（2）温和的实在论。认为一般作为个别事物本质存在于事物之中，作为创造世界的原型存在于上帝的理性中，并且作为概念存在于人们的思想之中。

（3）认识论。灵魂是形式，肉体是质料，灵魂不死，认识能力有感觉、理智、天使的理智三个等级，主张上帝的启示真理，信仰高于理性，理性服从信仰。

（4）社会政治思想。主张神权政治论，核心是上帝的理论，即教会高于世俗政权。自然的需要是国家产生的根源，国家最终要由上帝来管，国家的使命是引导人们追求

幸福和有道德的生活。

◆ **晚期中世纪哲学**

14世纪初，城市手工业、商业进一步发展，市民阶级兴起，罗马公教会逐渐衰落。怀疑主义和人本主义思潮逐渐抬头。基督教神学家面对理性主义冲击基督教信仰的情况，谋求将宗教信仰与理性进一步分离。

邓斯·司各特认为神的意志绝对自由，人的有限理性不可能理

解神。宗教信仰与理性的分离导致对神学的怀疑，威廉·奥康主张一切知识以事实为标准，宗教信仰的内容不可能成为理性探究的对象。承认不可能靠理性维护不了宗教信仰。这时哲学家探讨的问题发生了变化，开始转向神与世界和人的关系：神的一体三位之间关系，人的灵魂的功能，神恩的地位及其与人的善行、自由意志的关系，神是否预知人的自由意志的选择等。这一时期哲学思想的变化，为14世纪下半叶以后文艺复兴时期人本主义思潮的兴起作了思想准备。

◆ **欧洲中世纪哲学的价值**

中世纪并非哲学的黑暗时代，相反，在这绵延了千年的时代里，在神学的外壳下，哲学家们或者说神学家们在论证神学命题时，实际

现代罗马公教会

上直接或间接地发展了古希腊罗马哲学留下来的任务。只不过，形式显得更为晦涩。

文艺复兴时期的哲学

◆ 意大利文学三杰

1. 但丁

但丁是意大利人文主义的先驱，著名诗人，被恩格斯誉为"中世纪的最后一位诗人，同时又是新时代的最初一位诗人。"他的主要思想在于肯定现实生活的意义，从人类自身说明人的高贵。

但丁一生著作甚丰，其中最有价值的无疑是《神曲》。这部作品通过作者与地狱、炼狱及天国中各种著名人物的对话，反映出中古文化领域的成就和一些重大的问题，带有"百科全书"性质，从中也可隐约窥见文艺复兴时期人文主义思想的曙光。在这部长达一万四千余行的史诗中，但丁坚决反对中世纪的蒙昧主义，表达了

但丁像

执着地追求真理的思想，对欧洲后世的诗歌创作有极其深远的影响。

2. 彼特拉克和薄伽丘

二者都肯定人的自然本性，反对禁欲主义和封建不平等。

彼特拉克是文艺复兴时期用人文主义观点研究古典文化的最早代表。他广泛搜集希腊、罗马的古籍抄本，并且敢于突破中世纪的神学观念，用新时代的眼光，把人和现实生活放在中心位置，诠释古典著作。他对古典文化的研究，对欧洲文艺复兴运动他和自己的创作，都产生了影响。

彼特拉克用拉丁语写了许多诗歌、散文。这些作品歌颂人的高贵和智慧，宣传人具有追求尘世幸福、享受荣誉的权利，并向中世纪宣扬的神权说和禁欲主义提出挑战。他还认为，人的高贵并不决定于出身，而是决定于人的行为。彼得拉克的诗很丰富，其中《歌集》《阿非利加》《意大利颂》和《名人列传》著称于世。

乔万尼·薄伽丘（1313—1375年），意大利文艺复兴运动的杰出代表，人文主义者。代表作《十日谈》批判宗教守旧思想，主张"幸福在人间"，被视为文艺复兴的宣言。薄伽丘与但丁、彼特拉克合称"文学三杰"。

此外还有意大利的瓦拉，指责和揭露天主教的骗局，认为人有自由意志，快乐是最高的幸福。法国的蒙台涅，主张怀疑主义，指出感

乔万尼·薄伽丘

觉和理性不可靠，否定经院哲学崇拜权威，不否认自然界的可知性，反对迷信和偏见，宣扬个人主义和幸福主义。

◆ 新兴的自然科学和哲学思想

1. 列昂纳多·达·芬奇

列昂纳多·达·芬奇（1452—1519年），他是一位思想深邃，学

达·芬奇

识渊博，多才多艺的画家、寓言家、雕塑家、发明家、哲学家、音乐家、医学家、生物学家、地理学家、建筑工程师和军事工程师。他肯定自然界和因果必然性的客观实在性，重视实验。达·芬奇以肖像画《蒙娜丽莎》和壁画《最后的晚餐》闻名于世。他的艺术实践和科学探索精神对后世产生了重大而深远的影响，他是人类智慧的象征，他逝世之后的500年间，人类对他的研究与探索依然不断，在欧美各国和日韩、以色列等亚洲国家都有专门的达·芬奇研究机构。

2. 哥白尼

哥白尼（1473—1543年），波兰天文学家，日心说的创立者，近代天文学的奠基人。著有《天体运行论》，这部巨著被恩格斯誉为"自然科学的独立宣言"。

哥白尼反对托勒密的地球

哥白尼

观念，指出天体与地球部受统一的自然法则的支配，并提出宇宙无限的假定。

他的学说不仅改变了那个时代的人们对于宇宙的认识，而且根本动摇了欧洲中世纪宗教神学的理论基础。"从此自然科学便开始从神学中解放出来""科学的发展从此便大踏步前进"

3. 开普勒

开普勒（1571—1630年），德国天文学家、数学家。近代自然科学的开创者之一。主要著作有《宇宙的奥秘》《占星术的可信基础》《新天学》《光学》《测定酒精体积的新方法》《宇宙和谐论》《哥白尼天文学概要》《鲁道夫星表》等。

中心说，提出太阳中心说。揭示了地球决不是世界的中心，而是围绕太阳的一颗普通行星。哥白尼坚持理论与观测事实相一致的原则，强调观测材料必须通过理论思维加以分析、总结。他重视科学假说的作用，批判经院哲学关于天上的运动是完善的，地上的运动是不完善的

开普勒从小体弱多病，家境贫寒，12岁入修道院附校学习。

1587年考入杜宾根大学，靠符腾堡公爵提供的少量助学金寒窗苦读，1588年获学士学位，1591年获硕士学位。1600年，开普勒到布拉格拜访第谷，不久携全家前往，成了第谷的助手和合作者。1601年10月，

开普勒

第谷去世，他继任第谷的皇家数学家的职务。1604年，开普勒发现和持续地观测了出现在蛇夫座的一颗新星，此星现在被命名为开普勒新星。开普勒一生最大的贡献是发现了行星运动三定律。这一发现发展了哥白尼的日心说，并为牛顿力学的发展奠定了基础。因此，人们称颂他是"天空法律创制者"和"天体力学奠基人"。

4．伽利略

伽利略（1564—1642年），伟大的意大利物理学家和天文学家，科学革命的先驱。为了证实和传播哥白尼的日心说，伽利略献出了毕生精力。因此，他晚年受到教会迫害，并被终身监禁。他以系统的实验和观察推翻了以亚里士多德为代表的、纯属思辨的传统的自然

观，开创了以实验事实为根据并具有严密逻辑体系的近代科学。因此，他被称为"近代科学之父"。他的工作，为牛顿的理论体系的建立奠定了基础。

伽利略

伽利略是第一个把实验引进力学的科学家，他利用实验和数学相结合的方法确定了一些重要的力学定律。在1589—1591年间，伽利略对落体运动作了细致的观察，并从实验和理论上否定了统治千余年的亚里士多德关于"落体运动法则"确立了正确的"自由落体定律"。伽利略曾非正式地提出过惯性定律和外力作用下物体的运动规律，这为牛顿正式提出运动第一、第二定律奠定了基础。在经典力学的创立上，伽利略可说是牛顿的先驱。

伽利略是利用望远镜观测天体取得大量成果的第一位科学家。这些成果包括：发现月球表面凹凸不平，木星有四个卫星（现称伽利略卫星），太阳黑子和太阳的自转，金星、木星的盈亏现象以及银河由无数恒星组成等。他用实验证实了哥白尼的"地动说"，彻底否定了统治千余年的亚里士多德和托勒密的"天动说"。

◆ **新兴自然哲学思想**

1. 库萨的尼古拉（1401—1464年）

尼古拉把哲学与自然科学结合起来，泛神论形式下的唯物主义。提出极大和极小是对立的统一，具有辩证法因素。把认识过程分为感觉、理解、理性、直觉四个阶段，实质取消矛盾，在无限中达到统一。

2. 特勒肖（1509—1588年）

特勒肖反对亚里士多德主义，提出唯物主义学说，认为物质具有能动性，万物均有生命和意识，有自然神论的观点。

3. 布鲁诺的泛神论哲学（1548—1600年）

（1）泛神论。认为自然是万物的最初本原，自然就是神，神即物质。物质中存在的普遍理智是万物产生变化的原因。受神学唯心认影响，认为宇宙是统一的、是无限的，宇宙最小的单位是单子，单子元因自成，自为自因。

（2）辩证法思想。指出普遍的变易性，变易在于物质自身的运动，对立面吻合为一，可以相互转化，表现出唯物论与辩证法的统一。

◆ **宗教改革**

在文艺复兴即人文主义运动的影响下，16世纪的欧洲大地上又发生了一场声势浩大的反正统宗教神学革新运动，它就是宗教改革运动。从表面上看，它是宗教内部进行的改革，但实质上却是人文主义运动在宗教神学领域的延伸，是新思想文化运动的组成部分，甚至是新兴的"资产阶级革命"。它的影响甚至比人文主义更大更深远，因为它具有更广泛的社会群众基础。

宗教改革直接的要求是消除

教会的权威，变奢侈教会为廉洁教会，而从哲学上看，其内在要求则是由外在的权威返回个人的内心信仰。新的宗教哲学思想是宗教改革的核心。

1. 马丁·路德的宗教哲学——"因信称义"说

（1）马丁·路德宗教改革运动：1517年1月30日，"赎罪券"、《九十五条论纲》、驱逐僧侣、捣毁寺院、平民暴动、翻译《圣经》。

（2）"因信称义"说：

马丁·路德通过引用原始基督教的教条"因信称义"来阐发自己的宗教思想，它指出人的灵魂得救不在于教会，也不在于"事功"，只在于个人的内心信仰。只有信仰才是获救的必要条件，"事功"只是信仰的结果。

"因信称义"说消除了教会

马丁·路德像

的权威，以信仰的方式返回个体性和内在性，也可以说是"人的发现"。

2. 加尔文的宗教哲学——"先定"说

加尔文的宗教改革思想也属于"因信得救"的主张，但是他用上帝"先定"说深化了这一主张，强调了"因信得救"的宿命论性质。

"先定"说指宇宙中的一切都源于上帝永不更改的安排和命令（"先定"），因此个人得救是上帝预先的拣选，早已注定，个人的功德和教会的存在都不能改变上帝的先定，个人事业的成功只是表明实现了上帝所赋予的先定使命。

第三章

近代哲学

哲学是自然知识、社会知识和思维知识的概括和总结，它从世界观和方法论上指导着自然科学的研究。自然科学为哲学提供科学材料，是哲学发展的重要基础和强大动力之一。这种内在联系，决定了哲学与自然科学存在着天然的同盟关系。15—16世纪是所谓的"文艺复兴"时期。这个时期可以比喻为"一个人自我觉醒"的时代，人们从空幻的彼岸世界回到了现实的此岸，从清净的僧院回到了纷扰的尘世，于是发现了自然，也发现了人自身，这就是文艺复兴时期的两大发现。

十七世纪英国唯物主义经验论与近代实验科学结成的联盟，在人类认识史上留下了不可磨灭的历史功绩。真正的近代哲学是从17世纪开始的。从"文艺复兴"和"宗教改革"以后，近代自然科学越来越脱离神学而繁荣昌盛起来。1600年前后的100年间，出现了哥白尼（1473—1543年）、开普勒（1571—1630年）和伽利略（1564—1642年）等许多科学伟人，17世纪可以说是近代自然科学取得辉煌成就的世纪。这个时候的科学标准不再像过渡时期那样往往是古代的柏拉图、亚里士多德或基督教的教义，而是自然本身；科学的方法也不再像过渡时期那样掺杂很多神秘的巫术，而是以观察和实验为基础的归纳法和数学的演绎法。在哲学上，从前被认为是由神灵统治的世界，这个时期被认为是由"因果必然性"支配的世界了（这个"因果必然性"就类似于佛教的"缘起法"）。"机械论"的宇宙观一时占据了统治地位，一直到18世纪下半叶康德的时代才改变了这种情况。

英国唯物主义的经验论

◆ **弗兰西斯·培根**

弗兰西斯·培根（1561—1626年），英国哲学家科学家，英国唯物主义和实验自然科学的始祖，是近代唯物主义经验论的开创者，近代归纳法的奠基人。他竭力倡导"读史使人明智，读诗使人聪慧，演算使人精密，哲理使人深刻，论理学使人有修养，逻辑修辞使人善辩。"他推崇科学、发展科学的进步思想和崇尚知识的进步口号，一直推动着社会的进步。这位一生追求真理的思想家，被马克思称为"英国唯物主义和整个现代实验科学的真正始祖"。

他在逻辑学、美学、教育学方面也提出许多思想。著有《新工具》、《论说随笔文集》等。后者收入58篇随笔，从各个角度论述广泛的人生问题，精妙、有哲理，拥有很多

弗兰西斯·培根

71

读者。其经典名言"知识就是力量"至今深入人心。

1．唯物主义经验论

（1）认为世界是物质的，万物是由真正分子即光、重量等简单性质组成；形式是简单性质的基础，即事物的内在规律性；指出运动的形式多样。反映唯物主义和辩证法思想，仍有形而上学机械论观点。

（2）认识的对象是自然界，认识起源于感觉，感觉是可靠的。强调感性与理性的统一，结合的关键是实验，真理的标准就在于检验。

2．对经院哲学和传统观念的批判

经院哲学以主观成见和臆测代替对事物本来面目的认识，培根提出了四种假相说：

（1）种族假相。人类所共有的偏见，根植于人类种族天性之中；

（2）洞穴假相。个人的偏见，个人囿于自己的"洞穴"，坐井观天形成的；

（3）市场假相。滥用语言、名称造成的偏见，像市场上叫卖者一样以假乱真；

（4）剧场假相。盲目崇拜权威、迷信传统观念造成的偏见，它象舞台上戏剧那样是根据不真实布景方式来创造世界。

培根针对宗教神学，破除迷信、解放思想，但是没有揭露经院哲学的社会根源，把假相看成人类本性固有的。

3．经验归纳法

培根称之为"获得知识的新工具"，实际是三表法：存在表、差异表、比较表，分为收集材料、整理材料、排斥三步。经验归纳法为近代科学归纳法奠定基础，但是没有弄清归纳演绎的辩证关系。

4．培根在科学史上的地位

弗兰西斯·培根作为近代哲学史上首先提出经验论原则的哲学家，重视感觉经验和归纳逻辑在认识过程中的作用，开创了以经验为手段，研究感性自然的经验哲学的新时代，对近代科学的建立起了积极的推动作用，对人类哲学史、科学史都做出了重大的历史贡献。为此，罗素尊称培根为"给科学研究程序进行逻辑组织化的先驱"。

◆ **机械主义的经验论者霍布斯**

霍布斯（1588—1679年），认为哲学是由两部分组成的，即由研究自然物体的"自然哲学"和研究人以及人造物体（国家）的"公民哲学"两个部分组成。在自然哲学中，霍布斯充分利用几何学、力学、物理学的材料，论述了关于自然物体的观点，系统地阐明了机械论的自然观。因此，他的哲学的机械论特征主要体现在他的自然哲学里。

1. 机械唯物主义体系

（1）把培根的唯物主义系统化，认为广延是决定物体的根本特性。有两类物体：自然和国家。国家是人类意志和契约的产物。消除了培根的有神论偏见，主张神不存在，但需要保留宗教。

霍布斯

（2）把培根唯物主义片面化，把物质的多样性归结为广延性，把一切运动形式都归结为机械运动，把一切归结为数学、力学，具有典型的机械论的性质。

2. 经验主义的认识论

反对笛卡尔的天赋观念论，认为认识起源于感觉。感觉不是对外物的反映，只是区别事物的符号。因此认为共相、概念只是名词，是"符号的符号"，推理就是名字、符号的增加或减少的计算活动。认识论具有符号论、唯中论和机械主义的特点。

3. 社会契约论

霍布斯是西方政治学说中的社会契约论的创始人之一，他的社会契约论是思想主要体现在以下三个方面：

（1）认为人类在进入社会之前，生活在自然状态中，按照"利用一切手段保存自己"的自然律活动。

（2）认为人类按照"为了最大

限度的维护自己的权利，在必要时放弃别人也同意放弃的权利"的自然律，必然从自然状态进入人类社会。

（3）认为社会就是人类的契约生存状态，国家是契约的产物。

◆ 洛克的哲学

约翰·洛克（1632—1704年），一生主要活动于斯图亚特王朝复辟时期和所谓1688年的"光荣革命"时期。恩格斯曾说他"是1688年阶级妥协的产儿。"黑格尔说："洛克的哲学无疑是一种很易了解的、平凡的哲学，正因为如此，也是一种通俗的哲学。"

1. 心灵白板说

（1）认为心灵如白板，认识开始于经验，经验包括外部经验和内省经验。批判天赋观念论，断言普遍原则，认为公理都是后天获得。

（2）事物的性质分为第一性质和第二性质。探讨了观念和外物的关系，坚持唯物主义认识论路线——直观反映论。

（3）在关于简单观念和复杂观念的学说中探讨认识的发展、深化问题。但是洛克不懂得从感性认识到理性认识是质的飞跃，认为实在本质不可知，暴露经验主义的局限性。

（4）知识分为三个等级：直觉的知识，证明的知识、感觉的知识，真理标准在于观念与事物相符合。他还认为知识不能超过观念的范围，是狭隘的经验论和不可知论。

2. 洛克的社会契约论

洛克的社会契约论是他的民主政治理论的基础，它与霍布斯的社会契约论的不同特点是：

（1）认为人的自然状态不是

约翰·洛克

战争状态，而是和平的、自由的状态，人们在自然状态中平等地享有自然权利。

（2）认为在人们享有的各项自然权利中，财产权最为重要。由于财产权的冲突，人们的财产权得不到保证，甚至生命权也会受到威胁。订立社会契约是人们为避免冲突的严重后果的手段。

（3）认为人们在订立社会契约时只放弃对财产权的判决和执行的权利，把这一权利转让给代理人，之外的一切权利是不可转让的。

（4）认为接受大家转让权利的公共代理人也受契约的限制，人们有推翻暴君的权利。

（5）认为国家里的立法权、行政权和联盟权应分开，属于不同的权力主体，立法权是高于一切的权利。

欧洲大陆的唯理论

◆ **法国的笛卡尔**

笛卡尔（1596—1650年），1596年3月31日生于法国都兰城。笛卡尔是伟大的哲学家、物理学家、数学家、生理学家，解析几何的创始人。黑格尔说，笛卡尔是近代哲学的创立者；罗素说，笛卡尔是唯物主义和唯心主义的共同始祖。他们的说法应该说是对笛卡尔哲学的两个突出特征——唯理论和二元论的揭示。

1. "我思故我在"

笛卡尔批判经院哲学，提出普遍怀疑的原则。他通过怀疑得出"我思故我在"的第一原理，认为"我"这个精神实体的存在是一切知识的基石，进一步演绎出"上帝"和"物体"，建立起二元论，借着上帝的权威来保证物质世界的存在。基本上是唯心主义，但他包含着唯物主义因素。

2. 物理学的唯物主义

笛卡尔

物质是唯一实体，广延性是其主要属性，机械运动是运动的唯一形式。物质是无限的，坚持物质世界的统一性，天地都是同种物质构成，宇宙是根据自身规律逐渐发展起来的。他还创立了动量守恒定律和解析几何，显示辩证法思想。

3. 唯心主义唯理论

（1）否定感性认识，夸大其局限性，抬高理性的作用。认为在理性看来凡是清楚明白的观念就是真的观念，而理性直觉和演绎推理是获得真知的唯一道路。

（2）主张天赋观念论，认为人

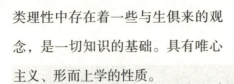

类理性中存在着一些与生俱来的观念，是一切知识的基础。具有唯心主义、形而上学的性质。

4. 对笛卡尔哲学的批判

（1）伽桑狄（1592—1655年），从唯物主义立场批判笛卡尔的唯心论。坚持感觉主义，反对天赋观念说；坚持世界的物质性、自动说。

（2）马勒伯朗士（1638—1715年），从笛卡尔出发走上宗教哲学道路，主张信仰和真理的一致，宣传一种偶因论。

◆ 斯宾诺莎

斯宾诺莎（1632—1677年），荷兰哲学家，西方近代哲学史重要的理性主义者，与笛卡尔和莱布尼茨齐名。

在哲学上，斯宾诺莎是一名一元论者或泛神论者。他认为宇宙间只有一种实体，即作为整体的宇宙本身，而上帝和宇宙是一回事。斯宾诺莎的上帝不仅仅包括了物质世界，还包括了精神世界。他认为人的智慧是上帝智慧的组成部分。斯宾诺莎还认为上帝是每件事的"内在因"，上帝通过自然法则来主宰世界，所以物质世界中发生的每一件事都有其必然性；世界上只有上帝是拥有完全自由的，而人虽可以试图去除外在的束缚，却永远无法获得自由意志。

斯宾诺莎提出实体、属性和样式的学说，认为实体是不依赖于他物而独立存在的东西。实体是唯一的、无限的、永恒的，是自因。实体就是自然，实体学说坚持世界的物质统一性，打击了宗教神学。属性是构成实体本质的东西。实体具有无限多样的属性，但能被人认识的只有思维和广延，是同一实体的两种属性。他企图克服笛卡尔的二元论，但仍有心物平行论的性质。他认为样式是实体的特殊表现即个别事物，不能离开实体而独

斯宾诺莎

影响，而能获得相对的自由，也因此摆脱恐惧。斯宾诺莎还主张无知是一切罪恶的根源。对于死亡的问题，斯宾诺莎的名言是："自由人最少想到死，他的智慧不是关于死的默念，而是对于生的沉思。"他的一生也彻底地实践了这句格言，对死亡一直十分平静地面对。

斯宾诺莎的哲学体系对之后17世纪的科学运动有着重要的意义。他对决定论的解释为此后的科学一体化提供了蓝图，并对后来的哲学家谢林、费尔巴哈、马克思等人都有过影响。

立存在。实体是无限的，样式是有限的；实体是静止的，样式是运动的，实体与样式是因果关系、派生关系。

在伦理学上，斯宾诺莎认为，一个人只要受制于外在的影响，他就是处于奴役状态，而只要和上帝达成一致，人们就不再受制于这种

◆ **德国的莱布尼茨**

戈特弗里德·威廉·凡·莱布尼茨（1646年7月1日—1716年11

莱布尼茨

纯实体，是客观实在的；单子没有广延，不可分；单子具有能动性，具有欲求、知觉。

（2）单子是封闭的独立的系统，上帝创造了单子及安排了单子的发展历程，这就是"预定和谐说"，实质是先验论思想。

（3）单子论通过唯心主义方式表达了物质的质的多样性、物质自动和物质不断变化、必然和偶然等辩证法思想。

2. 唯心主义唯理论

他反对洛克的经验论，主张天赋观念说，认为感觉经验只能提供具体事物的知识，而具有普遍必然性的知识只能来自理性；他认为有两种真理：推理的真理和事实的推理。他把经验知识当作真理，表明对经验主义的让步，割裂了理性和感性、演绎和归纳、必然和偶然的关系。

月14日）是德国最重要的自然科学家、数学家、物理学家、历史学家和哲学家，一位举世罕见的科学天才，和牛顿（1643年1月4日—1727年3月31日）同为微积分的创建人。他博览群书，涉猎百科，对丰富人类的科学知识宝库做出了不可磨灭的贡献。

1. 客观单子论

（1）单子是组成具体事物的单

英国唯心主义经验论

◆ **贝克莱：存在就是被感知**

贝克莱（1684—1753年），主观唯心主义哲学家、主教。1685年3月12日出生于爱尔兰基尔肯尼郡，1753年1月14日卒于牛津。少年早熟，15岁考进都柏林三一学院，1704年获学士学位，1707年获硕士学位，留校担任讲师、初级研究员。1709年刊行《视觉新论》，1710年发表《人类知识原理》，1713年出版《海拉斯和斐洛诺斯的对话三篇》，均成为当时英国各大学热烈讨论的问题。1734年被任命为爱尔兰基尔肯尼地区主教，任职18年，仍致力于哲学的思辨。1752年

贝克莱

移居牛津附近的新学院。贝克莱对于心理学的贡献，主要是他的《视觉新论》，断定经验来自视觉、肤觉的客体、方位、大小和形状。这本书主要企图证明人们的视觉经由什么途径来知觉客体的距离、体积和位置；并探讨视觉的观念和肤觉的观念有什么差异，是否有共同的观念。他认为由空间知觉来判断距离的远近和物体的大小，全凭人们的知觉经验。物体投射到眼睛网膜的视象受方位、空气透视和相对大小的影响，他还提出眼的辐合作用，眼的投射域和眼的调节作用（紧张度）。这些都符合现代眼科生理的事实。

贝克莱认为，人们认识的对象就是观念，观念并不反映观念之外的任何事物，而且观念之外就没有任何事物，人们平常所说的事物，不过是观念的各种不同的结合而已。例如，我们看到一个圆的形状、红的颜色，嗅到香的气味，把这些感觉集合起来，人们就用苹果这个名称来表示它，并把它当做一个单独事物来看待。由此得出结论，事物就是"观念的集合"。然而，观念本身并不能独立存在，要有一个能感知它们的主体，这个主体就是一个能感知的主动实体，就是我所谓的心灵、精神、灵魂或自我。

1. 批判唯物主义的物质学说，说物质是一种抽象观念；歪曲洛克的第二性质学说，断定物质是不存在的；肯定认识开始于感觉观念，但认为观念只存在于心中，"僵死"的物质不能成为能动的观念的原因。

2. 提出主观唯心主义经验论的三个命题：

（1）物是观念的集合；

（2）存在就是被感知；

（3）对象和感觉原是一个东

西，冒充实在论。

3．调和科学和宗教的矛盾，认为观念之间的关系即自然法则是上帝的意志建立的，科学的对象不是物质世界的规律性，而是自然法则，并把科学划入了神学。

◆ 休谟的不可知论

休谟（1711—1776年），18世纪英国哲学家，历史学家，经济学家。他被视为是苏格兰启蒙运动以及西方哲学历史中最重要的人物之一。虽然现代对于休谟的著作研究聚焦于其哲学思想上，但他最先是以历史学家的身分成名的。但他所著的《英格兰史》一书在当时成为英格兰历史学界的基础著作长达60至70年。

休谟的哲学与贝克莱哲学一样，也是以洛克哲学为逻辑起点的，但他的理论归宿与贝克莱的不

休 谟

同，他从经验出发，始终贯穿经验论原则，走向了怀疑论和不可知论。

1．因果关系

休谟的经验主义和不可知论在

他对因果关系的研究上得到最全面的体现，对因果关系的重视，与他认为"一切关于事实的推理，似乎都建立在因果关系上面"的认识有关。

（1）认为因果观念是这样建立的：我们知觉两个观念在空间相继出现，如果这两个观念重复出现，那么我们就会把先发生的观念称为原因，把后出现的称为结果。

（2）认为因果关系是这样形成的：因果观念久而久之会使我们形成这样的习惯：每当看到一个观念时便联想到另一个。这种在经验的基础上，经过联想而形成的恒常的连贯关系，就是我们通常所称的因果关系。

（3）认为因果关系的基础无论在证明知识的范围内，还是在经验知识的范围内，都不能得到解释，即是不可知的。

2. 不可知论

（1）认为知觉（印象和观念）是知识的对象，也是知识的范围。知觉产生的原因不可知，知觉也不能把握事物的本质。本体论上既反对物质实体的存在，也反对"自我""上帝"等精神实体的存在，坚持不可知主义。

（2）知识分为两类：关于观念的关系的知识和关于实际事情的知识。极为否认因果联系的客观实在性和因果规律的可知性，认为因果观念是主观心理习惯的联想。反对神学唯心论和机械唯物论，是主观唯心主义的因果观。

（3）休谟的不可知论在当时是一种非宗教的思想形式，认为从理论上不能证明神的存在。他用经验论论证了宗教的起源，揭露和批判宗教的社会作用，把宗教的产生看成是历史现象，主张建立真正的宗教即哲学和理性的宗教。

法国启蒙思想和法国哲学

法国启蒙运动是18世纪在欧洲兴起的启蒙运动的组成部分，但它是最为彻底和影响最大的，最具代表性。它不仅在当时影响巨大，而且在后来的世纪里影响深远。

法国启蒙思想主要代表了新兴的法国资产阶级的利益要求和愿望，它是一场思想解放运动，历史进步的运动。它把理性作为批判的工具和武器，把理性作为至高无上的评判标准。它的哲学基础主要是唯物主义的。法国启蒙思想一开始就承认自然的独立性，具有唯物主义的倾向，发展到最后以"百科全书派"为代表，在哲学上完全是唯物主义的，唯物主义也因此典型地表现了它在近代的最高形态——机械唯物主义。它具有鲜明的战斗性，为法国大革命作了充分的舆论准备。

◆ 皮埃尔·贝尔的怀疑论

贝尔（1647—1706年），怀疑上帝存在，认为理性与信仰对立，否定宗教，批判形而上学，对法国哲学唯物论和无神论的理论形成有重要作用。著有《历史的和批判的辞典》。马克思和恩格斯说他是"使十七世纪的形而上学和一切形而上学在理论上威信扫地的人"。

贝尔的思想特点是怀疑论的，即以怀疑论作为理性批判的武器，针对宗教神学，指出一切神学问题和争论都是混乱、无意义的。更为重要的是他通过怀疑论而得出的两个结论观点：

（1）认为理性和信仰应分开，信仰和理性为"双重真理"。

（2）认为道德与宗教也应分开。

他认为道德的基础不完全是信仰，理性对实际环境和行动后果的算计也可使人趋善避恶，中国就是一个由无神论者组成的社会。在当时来看，贝尔的观点无疑是惊世骇俗的。

◆ **伏尔泰的理神论**

伏尔泰（1694—1778年），法国启蒙思想家、文学家、哲学家。主要著作有《哲学通信》《形而上学论》《牛顿哲学原理》《哲学辞典》《老实人》等。伏尔泰是自然神论者，他受牛顿的自然观的影响，推导上帝存在是必然的。他还认为物质世界是客观存在的，在上帝第一次推动后按自己的固有规律运动。他抨击宗教神学，得出无神论结论，继承洛克的唯物主义经验论，反对天赋观念论。

伏尔泰对天主教会和封建专制进行了激烈的批判，批判的对象

伏尔泰

不仅仅是信仰的非理性，而且是迷信的非人性的罪恶。他不是无神论者，不满意笛卡尔的哲学经过斯宾诺莎而导致的无神论。（有神论的反面是无神论，理神论和泛神论介于有神论和无神论之间，一般来说，泛神论否认超越或独立于世界的神，理神论否认人类理性不可理解的神，两者都能导致否认有人格的神的无神论，但是泛神论和理神论毕竟承认神的存在和智慧。）其主要观点如下：

（1）宇宙需要一个最初的推动者；有限的物质的运动和引力需要上帝给与；思维需要上帝置入到物质中。

（2）认为上帝仅仅作为宇宙的第一推动者和自然规律的制定者而存在，他在创世后便不再干预宇宙了。

（3）认为上帝的存在对道德世界也是必要的。他说："即便上帝不存在，也要创造一个。"

◆ **孟德斯鸠的法哲学**

孟德斯鸠（1689—1755年），法国启蒙思想家、社会学家、西方国家学说和法学理论的奠基人。孟德斯鸠出身于贵族，曾担任波尔多省法院院长。他反对君主专制，主张司法、立法和行政三权分立，为资产阶级夺权制造理论根据。孟德斯鸠是自然神论者，认为上帝是世界的创造者，上帝也要按照一种必然的规律即法行动，他还认为地理环境决定政治制度、社会发展，有反封建的意义在理论上是片面的。主要著作有：《波斯人通信集》《论罗马盛衰的原因》《法的精神》。《法的精神》用了27年写成，书中全面分析了三权分立的原则。

孟德斯鸠的法哲学是为了探索法律的形成原因，他把这些原因统

孟德斯鸠

称为法的精神。主要观点有：

（1）他受当时已有的"自然法"的观念的影响，认为法是"由万物的本性派生出来的必然关系"，一切实体都有"法"，连神也不例外。

（2）认为人类社会的成文法要以人类的自然法为基础，人的自然法与人的本性和生活条件是相吻合的。

（3）认为成文法要符合建立政府的"本性和原则"，尤其要适应一国的自然状况，因为地理环境决定着民族性格和社会制度。

（4）认为在不同的条件下，自然法派生出三种政体：共和制、君主制和独裁专制。

卢　梭

◆ 卢梭的思想

卢梭（1712—1778年），法国著名启蒙思想家、哲学家、教育家、文学家，出生于瑞士日内瓦一个钟表匠的家庭，是18世纪法国大革命的思想先驱，启蒙运动最卓越的代表人物之一。

在哲学上，卢梭主张感觉是认识的来源，坚持"自然神论"的观点；强调人性本善，信仰高于理性。在社会观上，卢梭坚持社会契约论，主张建立资产阶级的"理性王国"；主张自由平等，反对大私有制及其压迫；提出"天赋人权说"，反对专制、暴政。在教育上，他主张教育目的在培养自然人；反对封建教育戕害、轻视儿童，要求提高儿童在教育中的地位；主张改革教育内容和方法，顺应儿童的本性，让他们的身心自由发展，反映了资产阶级和广大劳动人民从封建专制主义下解放出来的要求。他还抛弃了自己的孩子，因为怀疑他那年幼的老婆对他不忠和记恨他丈母娘的刻薄吝啬。这一点在《悲惨世界》中被雨果反复嘲笑挖苦。而他自己的《忏悔录》也极内疚地提到了这一点。其主要著作有《论人类不平等的起源和基础》《社会契约论》《爱弥儿》《忏悔录》等。

1. 自然神论和认识论

认识物质世界是客观实在的，但物质本身是惰性的，神是宇宙运动的第一因，主张宗教宽容主义。认识论上主张经验主义，认为认识开始于感觉，承认理性认识的作用，提出分析与综合的方法，反对天赋观念论。

2. 社会不平等起源论

人本主义的社会历史观，认为人类历史是从平等到不平等再到平等的过程。自然状态下人人平等。社会不平等经过三个阶段：

（1）贫富不平等；

（2）统治被统治的不平等；

（3）主人和奴隶的不平等。暴力革命是其必然结果。这个社会发展包含辩证法因素，有社会进步意义。

3. 社会契约论

卢梭主张天赋感情说，引出了天赋人权，即人人生而自由平等。订立契约是为了克服社会的不平等，国家就是社会契约的产物，应体现全民公意，提出人民主权的思想。

◆ 孔狄亚克的感觉主义

孔狄亚克（1715—1780年），坚持并发展洛克的经验论，批判天赋观念论，感觉主义包含有严重的不可知论成分。探讨语言的起源和发展，认为语言是彼此约定的

符号。著有《人类知识起源论》
《感觉论》《体系论》等。

孔狄亚克的哲学也是自然神
论，但是他的理论的特点是对洛克
的经验论的宣传和感觉主义的解
释。

（1）他同意洛克认为认识起源
与经验的基本观点，但是不同意洛
克的"双重经验说"。他认为经验
只有一个来源，那就是对外物的感
觉。认为反省不是独立的来源，是
在感觉基础上进行的。

（2）他贯彻机械唯物主义的

孔狄亚克

原则，反对认识论中的视觉中心主
义，提出了触觉中心主义。认为惟
有触觉才能以身体来认识外部的形
体。

法国唯物主义

1751年，狄德罗和达朗贝尔开
始组织编辑《科学、艺术和工艺百
科全书》（简称"百科全书"），
1771年完成全书，共三十五卷。因
此"百科全书派"在一般的意义上
指"百科全书"的编撰人员群体。
"百科全书派"的特别含义指法国
启蒙时期的一批唯物主义的、战斗
的无神论者，这也是我们在此使用
的含义。

以"百科全书派"为代表的法国唯物论哲学家对17世纪唯物主义作了批判与发展：主张物质自动；坚持精神依赖于物质；把经验主义运用于社会生活，克服神学的不彻底性。其基本缺陷在于机械性和唯心史观。主要代表人物：狄德罗、拉美特利、爱尔维修和霍尔巴赫。

◆ 拉美特利：人是机器

拉美特利（1709—1751年），18世纪法国资产阶级唯物主义的最早代表。他出身于法国西北部圣马洛城一个富商家庭，最初学习神学，后来在家乡医生曼罗的影响下改学医学。1733年，他去荷兰继续研究医学，深受著名医学家波尔哈维的影响，并通过他接受唯物主义和无神论思想。1742年回国，任军医。1745年匿名发表了《心灵的自然史》，遭到法国政府的迫害，书被烧毁，军医被撤职，不得不逃亡

拉美特利

荷兰。在荷兰他又匿名发表了《人是机器》，于是又遭到当地僧侣和贵族的攻击，不得不逃亡普鲁士。1751年因食物中毒而死。拉美特利的主要著作有：《心灵的自然史》《人是机器》《人是植物》《伊壁鸠鲁的体系》等。他的哲学思想主要体现在以下几个方面：

1．身心关系上坚持唯物主义一元论，认为物质是唯一实体，具有感觉能力。断言人是机器，思想是人脑的属性和机能。对反对宗教神学、唯心论和二元论具有积极意义，但带有机械性，不懂得意识的社会性。

2．认识论上坚持唯物主义观点。认为感觉经验是一切认识的来源，坚持感觉的真实性和可靠性，一定程度上看到了理性的作用，但不了解感性与理性的质的区别和真正联系。

3．坚持无神论思想，从理论和道德批判宗教神学，批判上帝存在的目的论证明。

◆ 爱尔维修的哲学思想

爱尔维修（1715—1771年），出生于巴黎一个宫廷医生的家庭，毕业于耶稣会办的专科学校，曾任总包税官。他考察了第三等级的贫困和封建贵族的糜烂生活，因而痛恨封建制度。后来辞去官职，专心著述，并和思想家狄德罗、霍尔巴赫等人参加了《百科全书》的编辑工作，对封建制度及教会进行了无情的揭露和批判。

在社会政治观点方面，爱尔维修站在以资产阶级为首的第三等级的立场上，主张建立资产阶级"理想王国"；在哲学观点方面，他吸取并发展了英国教育思想家洛克《人类理解论》中的唯物主义思想。他肯定，宇宙是由物质组成的；物质是第一性的；宇宙是发展的；运动和物质是不可分离的。他认为通过感官，世界是可以被认识

爱尔维修

的。爱尔维修反对天赋观念"，认为人的智慧是后天"教育的产物"，而人获得才智的能力是天生平等的。他反对贵族和教会对学校的垄断，提出世俗教育的主张。他的哲学思想主要体现在以下三个方面：

1. 自然是一切事物的总和，物质是客观存在的，物质与运动不可分。感觉是认识的来源，全部认识活动都归结到感觉的活动，感觉是可靠的。感觉主义认识论具有唯物主义性质，但把认识仅仅归为感觉具有很大的片面性。

2. 批判天赋道德论，认为感受性是道德的原因，自爱即利己是人的本质，认为道德必须和利益结合起来，美德就是个人利益与共同利益的结合。他还提出了功利主义伦理学。

3．"人是环境的产物"，环境主要是指法律、政治制度，而法律又是人制定的，所以"意见支配世界"，它有变革意义，是唯心史观。

◆ 狄德罗生机论的唯物主义

狄德罗（1713—1784年），生于朗格里。1732年获得巴黎大学文科硕士学位。他精通意、英等几国文字，以译述沙夫茨伯里的《德性研究》而著称。狄德罗除主编《百科全书》外，还撰写了大量著作，有《哲学思想录》《对自然的解释》《怀疑者漫步》《论盲人书简》《生理学的基础》等等。

狄德罗的哲学思想既反映形而上学的思维方式，又夹杂着一些辩证法的因素。狄德罗把世界设想为一个大系统，认为其中存在的只有时间、空间与物质；物质本身具有活力，能够自行运动，不需要它以外的神秘力量参与；运动是物质

的一种属性，物质与运动不可分割的联系造成绚丽多彩的大千世界，这个世界是统一的，统一于物质；由于物质不断运动，永远处于变化的过程中，所以新鲜的事物层出不穷；所有的事物都相互联系，联系与统一具有内在的逻辑上的蕴涵关系。概括来说，狄德罗的哲学思想主要体现在以下三个方面：

1．坚持世界的物质统一性，主张自然是"元素"的结合，物质与运动不可分。运动形式是多样的，运动是绝对的，静止是相对的，运动具有规律性。批判宗教，坚持无神论，认为宗教产生的根源是无知、恐惧和欺骗。

2．认为意识起源于物质，思维是物质世界高度发展的产物。坚持物质第一性、意识第二性，为科学唯物论的产生提供思想条件。但不懂得意识是社会实践的产物。

3．坚持唯物主义反映论，认为物质世界是认识的对象。提出三种

狄德罗

认识方法：观察、思考和实验，认识过程就是观察到思考再到实验的循环往复过程。看到感性认识的局限性，认为理性高于感性，但不懂得两者的本质区别。提出实验是真理的标准，但没有提到社会实践的高度。

◆ 霍尔巴赫的唯物主义

霍尔巴赫（1723—1789年），生于德国巴伐利亚一商人家庭，1735年移居法国，1744年就读于荷兰莱顿大学。1753年继承伯父遗产和男爵封号，称为霍尔巴赫男爵。著作有《自然的体系》《健全的思想》《揭穿了的基督教》《神圣的瘟疫》《自然政治》等。其中，《自然的体系》一书有"无神论的圣经"之称。

霍尔巴赫是18世纪法国最激进、最彻底的唯物主义者和无神论者，他继承了17世纪以来的机械唯物主义和唯物主义经验论，尤其深受拉美特利、爱尔维修和狄德罗的唯物主义思想的影响，力图将唯物主义的现有成果系统化，确立起唯物主义的思想体系。其哲学思想主

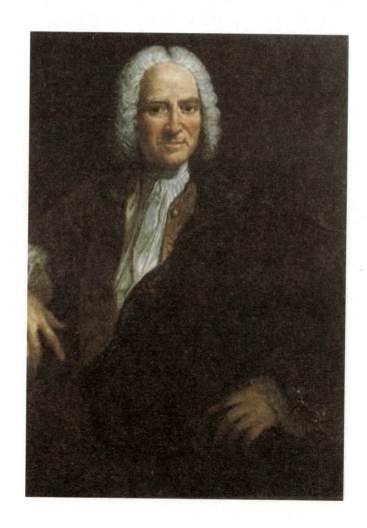

霍尔巴赫

要体现在以下三个方面：

1．自然是大全，物质一般就是以某种方式作用于我们感官的东西，物质与运动不可分。运动原因在自身，运动形式有两种：质量运动和内在运动。物质运动有客观规律性，自然界一切都是必然的，否认偶然性的存在。人是自然的产物，肉体和灵魂是统一的。

2．认识的对象是外物，认识起源于感觉，不存在天赋观念。思维也是物质的属性，认识过程是从感性到理性，主张真理是观念与事物关系的符合。

3．揭露和批判宗教，从根本上否定上帝存在，指出宗教起源于人的无知和恐惧。但不了解宗教产生的真正原因及消灭宗教的正确途径。

第四章

德国古典哲学

　　德国古典哲学是工业革命时期欧洲哲学舞台上的主角，它提出了包括认识论、本体论、伦理学、美学、法哲学、历史哲学以及政治哲学等领域的各种重大问题和范畴，标志着近代西方哲学向现代西方哲学的过渡。在这一过程中，最为重要的哲学家有康德、费希特、谢林、黑格尔、费尔巴哈等人。德国古典哲学是西方哲学思想发展的重要历史阶段。它经历了从唯心主义到唯物主义两个发展阶段。康德是德国古典哲学的创始人，他建立了实质上是先验唯心主义的调和矛盾的哲学体系和不可知论。费希特从唯心主义立场上继承和批判了康德，建立了彻底的主观唯心主义哲学。谢林改造了费希特的主观唯心主义，建立了客观唯心主义的"同一哲学"。黑格尔是德国古典唯心主义的集大成者。他在批判继承前辈哲学家的基础上，创建了庞大的客观唯心主义体系。在马克思主义产生前，辩证法在德国古典哲学中得到了最详尽而全面的探究，虽然这种辩证法是建立在唯心主义基础上的。德国古典哲学的最大成就，是从世界观的高度用辩证法代替了形而上学。德国古典唯心主义哲学家反对把世界看作固定不变、没有矛盾的东西，而把它理解为具有矛盾发展的不断变化的运动过程，这就从根本上推翻了长期以来统治人们头脑的形而上学世界观。本章将为大家详细介绍德国古典哲学的发展及其流派，希望给读者以帮助。

康德哲学

伊曼努尔·康德（1724—1804年），德国哲学家、天文学家、星云说的创立者之一、德国古典唯心主义创始人。生于1724年4月22日，1740年入哥尼斯贝格大学，1746年起任家庭教师 4 年。1755年完成大学学业，取得编外讲师资格，任讲师15年。在此期间，康德作为教师和著作家，声望日隆。除讲授物理学和数学外，还讲授逻辑学、形而上学、道德哲学、火器和筑城学、自然地理等。

哥尼斯一景

"有两种东西，我对它们的思考越是深沉和持久，它们在我心灵中唤起的惊奇和敬畏就会日新月异，不断增长，这就是我头上的星空和心中的道德定律。"这是人类思想史上最气势磅礴的名言之一，它刻在康德的墓碑上，出自康德的"实践理性批判"最后一章。

◆ **康德的"三大批判"**

康德的"三大批判"构成了他

的伟大哲学体系，它们是："纯粹理性批判"（1781年）、"实践理性批判"（1788年）和"判断力批判"（1790年）。

1．认识论——《纯粹理性批判》

（1）感性是主体通过感性直观的纯粹形式——时空对感性材料予以综合形成感性直观知识的先天的认识能力。数学知识可能就在于时空观念的先天性，但是时空直观形式只适用现象世界，与自在之物无关。

（2）知性是主体意识从它自身产生的观念的能力，即认识的主动性。他提出知性的十二个范畴，范畴不是来自感性对象，是先天的，自然科学可能就在于范畴的先天性，同样范畴只能应用于经验，不反映自在之

伊曼努尔·康德

物。

（3）理性是人心中追求绝对的无条件的知识的自然倾向，理性的概念是理念。他批判形而上学关于灵魂、上帝、宇宙的种种论证，认为不能用知性范畴去规定自在之物。他还提出理性的四个"二律背反"包含辩证法成分，但是否认矛盾的客观性，认为矛盾只是主观的幻相。

2. 伦理学——《实践理性批判》

认为道德起源于人的善良意志，即道德来于人理性本身。人心中存在着先天的道德法则，叫做"绝对命令"，善恶观念取决于这一先天法则，相符的即善，不符的即恶。绝对命令在现实中不能实现。假定上帝的存在。

3. 美学——《判断力批判》

审美主体是联系理论主体与实践主体的中介，审美自我是一种"反思的判断力"。他分别从质、量、关系等方面揭示美的特质，说美是不凭借概念而普遍令人愉快的。

康德带来了哲学上的哥白尼式转变。他说，不是事物在影响人，而是人在影响事物，是人在构造现实世界。因此在认识事物的过程中，人比事物本身更重要。康德甚至认为，我们其实根本不可能认识到事物的真性，我们只能认识事物的表象。康德的著名论断就是：人是万物的尺度。他的这一论断与现代量子力学有着共同之处：事物的特性与观察者有关。

费希特哲学

费希特（1762—1814年），德国哲学家。尽管他是自康德的著作发展开来的德国唯心主义哲学的主要奠基人之一，但他在西方哲学史上的重要性往往被轻视了。费希特往往被认为是连接康德和黑格尔两人哲学间的过渡人物。近些年来，由于学者们注意到他对自我意识的深刻理解而重新认识到他的地位。和在他之前的笛卡尔和康德一样，对于主观性和意识的问题激发了他的许多哲学思考。费希特也涉及政治哲学，他被一些人认为是德国国家主义之父。

在费希特看来，一个严密的哲学体系应该是像笛卡尔那样，从一个最高的明确无误的不证自明的第一原理出发，按照其内在的必然性，以严明的逻辑推理出来的系统。经过休谟提出的问题，物到理智之间的过渡存在一个逻辑上无法逾越的鸿沟，所以他同意康德的意见，也就是只有唯心主义才是可能的。但他认为应该抛弃物自体这个概念，取而代之的是一种绝对自我的概念。这个绝对自我，不是经验的自我，也不是先验的自我，而是所有自我意识中的先验要素。这种自我意识提供了所有认识的先验根据，是一切知识和经验实在性的根据和先验的源泉，也就是认识论和知识学中的最高根据和出发点。这里他将理论理性和实践理性融为一体，并给予了自我一种相当高的地位，赋予了自我创造性行动的可能。

费希特的主观唯心主义哲学，以"自我"为核心，叫做知识学、自我既是理性也是意志，即是认识也是行动，把认识和实践联系起来，知识学提出三个基本原理：（1）自我设定自身；（2）自我设定非我；（3）自我设定非我与自我。费希特企图以自我和非我的同一克服康德的二元论、不可知论，论证思维和存在的同一。

谢林"绝对同一"哲学

谢林（1775—1854年），生于符滕堡的莱昂贝格一个新教徒家庭。1790年进图宾根神学院学习哲学与神学，与同窗黑格尔和荷尔德

耶拿大学一景

林结成了好友。1789年的法国大革命以及康德所开始的德国哲学革命都对年轻的谢林产生了深刻的影响。他开始接受康德和费希特的哲学传统。1798年担任耶拿大学自然哲学教授，同费希特共事。1827年他返回慕尼黑，被任命为国家科学中心总监，并担任科学院院长和慕尼黑大学教授等职。黑格尔逝世后，谢林于1841年应普鲁士国王邀请，主持柏林大学的哲学讲座，以

谢　林

抵制和反对黑格尔哲学，特别是左派黑格尔主义者的影响。

谢林的客观唯心主义哲学以"绝对同一"为核心，包括自然哲学和先验哲学。前者从自然中引出精神，后者从精神中引出自然。"绝对同一"是万物的本原，是一种宇宙精神，有一个矛盾发展过程，其辩证法思想为黑格尔创立唯心辩证法体系提供条件。

谢林从绝对同一性出发，试图把主体与客体、思维与存在、自由与必然等统一起来。谢林认为，既然绝对同一性意味着一切差别的消失，那么他的同一哲学就能消除唯物论与唯心论的争论。谢林认为，我们一旦理解了实在的东西与观念的东西在"绝对"之中是合而为一的和无差别的，那么二者的争论就失去了根据。谢林想以自己的同一哲学凌驾于

唯物主义与唯心主义之上，试图包罗和超越一切以往的哲学派别，但实际上这是不可能的。因为谢林所谓的"绝对同一性"归根到底仍然是精神性的东西，也就是"绝对精神"。所以，他的所谓同一哲学的基本立场是客观唯心论。在谈到谢林的同一哲学时，黑格尔说："谢林的同一性原则缺乏形式、缺乏证明；他只是初步提出这个原则罢了。"

黑格尔哲学

黑格尔（1770—1831年），德国古典唯心主义的集大成者，是德国哲学中由康德启始的理性运动的顶峰。虽然他对康德时常有所批评，但是假使原来没有康德的学说体系，决不会产生他的体系。十九世纪末年，在美国和英国，一流的学院哲学家大多都是黑格尔派。在纯哲学范围以外，有许多新教神学家也采纳他的学说，而且他的历史哲学对政治理论发生了深远的影响。大家都知道，马克思在青年时代是个黑格尔的信徒，他在自己的完成了的学说体系中保留下来若干重要的黑格尔派特色。

◆ 基本原则：思维与存在的同一性

1. 思维指的是存在于人的头脑之外的某种"客观思想"即绝对理念、绝对精神，它是世界的本原，不断发展变化，自身包含否定。

2. 思维与存在的同一是指思维是存在的本质，存在符合思维才具有实在性；思维不断在存在中实现自己，使存在同自己符合、思维和存在的同一是一个矛盾发展的过

黑格尔

程。他主张本体论和认识论的一致，因而其哲学是唯心主义辩证的哲学。

◆ **绝对精神的三个发展阶段**

1．逻辑学，讲绝对理念在自然界和人类社会出现之前的自我发展的情况，表现为它的各个环节"范畴"的向前推演。体现了本体论、辩证法和认识论的一致，提出人类认识的辩证发展过程。

2．自然哲学，讲理念的外在化。包括自然界的三个阶段：机械性、物理性、有机性。

3．精神哲学，研究理念由外在化而返回自身从而认识自己。包括三个部分：主观精神、客观精神、绝对精神。哲学是绝对理念的最高体现和最后完成，哲学的发展史就是理念认识自己的历史。

◆ **黑格尔的矛盾学说是其辩证法思想的精华所在**

区分了抽象的同一和具体的同一，坚持矛盾的客观性和普遍性，坚持事物自己运动的原则，认为矛盾是事物自己运动的源泉。

费尔巴哈哲学

路德维希·费尔巴哈（1804—1872年），德国古典哲学的最后一位大师，他率先突破了黑格尔哲学体系的桎梏，引导了包括青年马克思在内的一大批哲学家走出了困境。然而也正是这样的一个人，引起了哲学界的广泛争论，时至今日哲学界对于费尔巴哈的评价仍旧毁誉参半。

◆ **批判宗教神学**

费尔巴哈坚持无神论，指出不是神创造了人而是人创造了神。揭露宗教的认识论根源在于人的类概念，宗教的基础是人的利己主义本性及依赖感以及宗教的反动的社会作用，宗教批判的局限性在于缺乏阶级观点和实践观点，进步意义在于间接

路德维希·费尔巴哈

批判封建专制制度。

◆ **人本学唯物主义**

认为思维和存在统一的基础和主体是人。自然界是非发生的第一性实体，人是自然界的产物，思维是人脑的属性。认识是对客观世界的反映，包含客观内容。感性和理性是统一的。其局限性表现在：

（1）形而上学性；（2）直观性；（3）历史观是唯心论。

◆ **撇开人的社会性、历史性**

认为人的本质是利己主义和爱，从抽象的人的本质引出道德基本原则，合理地节制自己和对人以爱。把爱神秘化，呼吁建立爱的宗教。

马克思与马克思主义哲学

马克思（1818—1883年），马克思主义的创始人，第一国际的组织者和领导者，全世界无产阶级和劳动人民的伟大导师，被评为二十世纪影响世界最深的人。著作收入《马克思恩格斯全集》中。

1818年5月5日，马克思诞生于德国莱茵省特利尔城。父亲亨利希·马克思是一位才能出众的律师，对马克思少年时代的思想成长起过良好的影响。母亲罕丽达·普勒斯堡是个贤慧的妇女，主要操持家务。马克思从小勤奋好学，除母语德文外，他先后攻下了拉丁文、希腊文、法文、英文、意大利文和俄文。善于独立思考。中学时代，

马克思

他受到法国启蒙思想的影响，已有为人类谋幸福的崇高理想。在大学，他除研究法学外，还研究历史、哲学和艺术理论。1837年起，马克思开始认真钻研黑格尔哲学。1841年，他结束大学生活，获哲学博士学位。

马克思主义哲学是在继承和发展了德国的古典哲学、英国的古典政治经济学、法国的空想社会主义下形成的，它的主要理论来源是辩证法和唯物论。辩证唯物主义和历史唯物主义是马克思主义的两大组成部分，实践概念是它的基础。

◆ 马克思主义哲学首要的和基本的观点

马克思第一次把实践提升为哲学的根本原则，转化为哲学的思维方式，从而创立了以实践为核心和基础的崭新形态的现代唯物主义。马克思把自己的哲学对象规定为作为现存世界基础的人类实践活动，把哲学的任务规定为解答实践活动中的人与世界、主体与客体、主观与客观的关系，从而为改变世界提供方法论。科学的实践观是马克思创立辩证唯物主义和历史唯物主义的思想机制。实践观点不仅是马克思主义哲学批判唯心主义的锐利武器，而且是同旧唯物主义的分界线，并由此终结了传统哲学。

◆ 辩证唯物主义和历史唯物主义的统一

存在决定思维、物质决定意识、自然界先于人类而存在，这是一切唯物主义都必须坚持的根本原则。人类的物质实践活动是唯物的、辩证的，也是社会的、历史的。马哲在实践的基础上揭示了自然观和历史观的统一，从而正确地、彻底地解决了哲学的基本问题，把唯物主义贯彻到底。

◆ 批判、开放和不断发展的学说

批判性是马克思主义哲学的基本精神。批判，是破旧立新，以新物质代替旧质，是实践的内在要求。实践作为人类的基本存在方式，是人对外部自然的一种否定性关系。

马克思主义哲学同时代的步伐保持密切的联系，以强烈的历史感和责任感，严格依据实践的发展和科学的进步，创造性地丰富和发展自己的理论，及时修正某些被实践证明业已陈旧的个别观点和结论，以保持和发展自己学说的科学性、真理性；同时坚持科学的世界观和方法论，坚持鲜明的党性原则，对来自各方面的反马克思主义的和其他的错误观点和理论，进行毫不含糊的批判与斗争，指导现实以正确的方向和道路，并在同各种错误的批判和斗争中丰富和发展自己。

马哲是开放的理论体系，不仅要吐故还要纳新。马哲的理论活力来自实践。是对以往自然科学、社会科学和思维科学的成果的批判继承，随着发展会不断总结新经验丰富和发展自己的理论内容及其相应理论形式。

恩格斯

恩格斯（1820—1895年），马克思主义的创始人之一，全世界无产阶级的导师和领袖，马克思的亲密战友。

恩格斯诞生于普鲁士王国莱茵省的巴门市，他比马克思小两岁。他的父亲是纺织厂老板，母亲善良贤惠，很有教养。恩格斯自小就表现出了非凡的语言才能。中学时他就掌握了法语、希腊语、拉丁语等多种外语，成年后他能用十二种语言说话写作，能阅读二十种文字。恩格斯本想进大学深造，但他是长子，其父一心想叫他继承父业，因此1837年他被迫中途辍学去学经商。

1848年，恩格斯和马克思一起发表了具有划时代意义的《共产党宣言》。1848年革命失败后，他着手总结革命经验，写了《德国的革

恩格斯

命和反革命》《德国农民战争》等著作。1850年，他重返英国。

恩格斯在英国从事长时间的经商活动，其主要原因是为了从经济上支持马克思完成《资本论》的写作。马克思对此十分了解，深受感动。马克思写信给恩格斯说，"我的良心经常像被梦魇压着一样感到沉重，因为你的卓越才能主要是

为了我才浪费在经商上面，才让它们荒废，而且还要分担我的一切琐碎的忧患。"

恩格斯和马克思一样，为了使科学社会主义的理论奠定在坚实的科学基础上，他独立从事门类繁多的科学研究和著作活动。从自然科学到军事科学，从哲学、经济学、历史学到文学艺术，他都作了广泛而深入的研究，并对马克思主义的哲学、政治经济学和科学社会主义作了系统的阐述。他的重要著作有：《反杜林论》《路德维希·费尔巴哈和德国古典哲学的终结》《自然辩证法》《家庭、私有制和国家的起源》等。

《自然辩证法》在恩格斯生前并未成为最后的定稿，而且离现在已有一个世纪。这一个世纪中，

无论在物理科学、生物科学和生产技术方面，都有为前人所无法想象的历史性突破和发展。恩格斯说过："随着自然科学领域中每一个划时代的发现，唯物主义必然要改变自己的形式"。在1885年讲到他自己写的关于自然辩证法的研究成果时，恩格斯非常谦虚地说："也许理论自然科学的进步，会使我的工作的绝大部分或全部成为多余的。"经过一百年来自然科学领域的实践的检验，《自然辩证法》中的某些论点和结论确实是过时了，必须加以修正。正如列宁所说："对恩格斯的唯物主义的'形式'的修正，对他的自然哲学论点的修正，不但不含有任何通常所理解的'修正主义'，相反地，这正是马克思主义所必然要求的。"但是，这一著作的

基本思想、基本观点和方法依然是正确的，并且越来越显示出它的强大的生命力。正如列宁在分析二十世纪初物理学所面临的形势时所指出的："现代物理学是在临产中。它正在生产辩证唯物主义。"二十世纪自然科学的每一个重大发展，无不宣告自然辩证法的胜利。

自然辩证法也象马克思主义的其他组成部分一样，本身是科学。

列 宁

科学是让人研究的，而不是要让人供奉起来膜拜的。它来源于实践，并且随时受着实践的检验。它不是僵化的教条和空洞的说教，而是实际的行动的指南。它是要使人扩大眼界，活跃思想，而不是要使人墨守成规，固步自封。它是自然科学的前哨和后卫，并且要不断地从自然科学吸取养料，不断地随着自然科学的发展而发展。因此，摆在我们面前的任务是：学习、研究、运用、发展。

第五章

现代西方哲学

　　现代西方哲学是19世纪中叶以来主要流行于西方资本主义国家的各种哲学流派的总称，一般指黑格尔之后至今的西方哲学。它的特点是新流派众多、思想方式变化深刻、与现代科技和人文众学科的关系密切、对中国的现实思潮影响巨大、与未来哲学的发展息息相关。自黑格尔之后，出现了唯意志主义、实证主义、新康德主义、直觉主义、分析哲学、现象学、存在主义、解释学、西方马克思主义、实用主义、结构主义、解构主义等新流派，在这些大的流派之中又有相当多的分支，比如现象学中，几乎每一位大思想家都可独自立派。它们带来了西方哲学两千年来最为深刻的思想方式的变革：反形而上学、反基础主义、反主体主义、向语言的转向，对境域的关注等等，令人耳目一新，极大地丰富了人的哲学思维。这种变化使得现代西方哲学具有了很强的向其他学科渗透、与之交叉的能力，以及建立新的次级学科的能力，比如科学哲学、环境伦理学、医学伦理学等。

　　因此，现代西方哲学与科学技术、不少人文学科、社会科学学科和文学艺术实践之间形成了更为密切的互动关系。而且，由于思想方式的转变，相比于传统西方哲学，现代西方哲学与中国哲学的距离拉近，有了更多的、更深入的对话可能。

　　此外，现代西方哲学是活着的、还在不断出新的，在当今这种全球化的形势中，对中国的各种思潮也有着巨大和持久的影响。改革开放以来，这种"西学东渐"的现象屡屡出现，并势将不断出现。也正是因为这个缘故，在未来哲学的塑造中，现代西方哲学扮演着重要的角色。

实证主义

实证主义沿着经验主义哲学的思想路线，将自然科学的方法移入哲学和社会学，反对传统的思辨形而上学，开创了现代西方哲学的"科学主义"思潮，对以后的西方哲学发展发生了重大的影响。

实证主义是西方哲学史上第一个明确提出要以实证自然科学的精神来改造和超越传统形而上学的流派，它是在西方近代哲学陷入危机以及随之在西方哲学界兴起的对它的批判浪潮中形成的。19世纪30年代最早出现于法国，主要代表人物有孔德、穆勒和斯宾塞。

◆ **孔德的实证主义**

孔德（1798—1857年），实证

主义的创始人、实证主义在法国的最大代表。

1. 实证哲学的基本理论

孔德实证主义认为，哲学应当以实证自然科学为根据，以可以观察和实验的事实及知识为内容，摒弃神学和思辨形而上学的绝对的、

孔 德

终极的、然而却无法证明的抽象本质。一句话，就是以实证的知识来代替神学和形而上学的思辨概念。

所谓实证指的是具有"实在""有用""确定""精确""肯定""相对"等意义的东西。"真正的实证精神用对现象的不变的规律的研究来代替所谓原因（不管是近因还是第一因）；一句话，用研究怎样来代替为何"。

2. 社会学

孔德把按照实证主义原则建立起来的关于社会现象的理论称为社会学，其任务是研究和发现社会现象的"不变规律"，社会学是最后出现的学科，也是最重要的学科。孔德把人性当作社会的基础，认为决定社会的起源和性质的是作为人性体现的人的情感意志，也即人的本能。人的本能有个人本能和社会本能之分，个人本能表现为利己心，社会本能表现为利他心，前者起决定性的作用。但个人本能使人趋向保守，社会本能使人具有改革精神，因此应当使二者得到调和。

◆ 穆勒的归纳主义

约翰·斯图亚特·穆勒（1806—1873年），英国实证主义的最早代表，19世纪英国最著名的思想家之一。他没有进过正规学校，在其父詹姆斯·穆勒的指导和熏陶下自学成才。

1. 对物质和精神的解释

穆勒反对从一般概念出发的认识论，强调包括物理科学和道德科学在内的一切人类知识均起源于经验，认为借经验直观所认知的真理是一切其他真理出发的根本前提。哲学应当成为研究经验事实和科学方法的理论。

他提出了两个假设：

（1）假定心灵（自我、精神）是存在的，它能够形成关于存在的东西以及一切可能的东西的概念；

（2）关于心里联想的规律是

可靠的。他认为根据这两个假定，就可以得出关于外部世界存在的信念。他把物质定义为"感觉的恒久可能性"，感觉与物质的区别不过是现实的、具体的感觉与必将可能发生的感觉（感觉的恒久可能性）之间的区别。人的心灵无非就是人的某种固定的、恒久的、在各种情况下都将产生的精神状态，换言之，就是感受（精神状态）的恒久可能性。

2. 逻辑体系

穆勒认为，哲学应当

约翰·斯图亚特·穆勒

成为以经验为基础的一切科学的普遍的方法论，其任务是从主体的经验中去寻找相对稳定和有秩序的东西，即经验之间的因果关系，而这也正是逻辑的任务。穆勒要求他的逻辑方法成为一切科学的方法。穆勒提出了著名的归纳四法，即求同法（契合法）、求异法（差异

法）、剩余法、共变法，再加上求同求异并用就成了归纳五法。归纳五法是西方逻辑思想，特别是归纳逻辑发展的一个新阶段。

◆ 斯宾塞的综合哲学

赫伯特·斯宾塞（1820—1903年），19世纪下半期英国实证主义

的最大代表。他少年时因病未能上学，除了最初从作为中学教师的父亲那里获得某些指导之外，他基本上靠自学成才。由于他的思想体现了当时欧洲思想的脉搏，加上他知识广博，他在世时即已获得世界声誉，但他个人则过着孤僻、独身的生活，与人往来不多，也没有接受教授职务和皇家学会会员等的荣誉称号。

赫伯特·斯宾塞

1. 第一原理

斯宾塞在《第一原理》中论述了他的基本观点。他认为，科学和哲学均应以现象为研究对象，即研究有限的、有条件的、相对的和可分类的东西。现象虽然是无限的、无条件的绝对存在的意识表现，但绝对存在本身则超出现象范围，从而也超出了哲学和科学的范围，作为现象的终极原因的绝对存在（他有时称其为"力"）是人的认识和概念所无法表达的。

斯宾塞把知识分为最低级的知识、科学知识和哲学三类，三者都是关于现象的知识，彼此之间没有内在本质的不同，只有外部相联和抽象程度的不同。

2. 普遍进化理论

斯宾塞认为一切现象的基础是不可知的"力"，由"力"所推动的现象世界的各种运动变化均受进化律支配。进化是物质由不确定的、分散的同质状态进到相对确定的、凝聚的异质状态。进化到顶点时达到一种均衡状态，随后就是解体和分散。进化观念是其整个体系的根本观点，这一观点被他本人及其他许多思想家用来维护资本主义秩序。他反对任何形式的革命，认为革命会破坏社会的平衡，导致社会的倒退。

非理性主义和唯意志主义

包括唯意志主义在内的非理性主义哲学思潮，是在19世纪中期德国古典哲学走向终结、整个西方哲学的发展发生了重大的方向性转折的背景下形成的。它强调人的情感意志、本能冲动等非理性的活动在人的整个精神和物质存在中的决定作用，批判传统理性主义对人的个性、创造性和生命本能的扼杀和压抑以及造成人的异化，以非理性的情感、意志等活动和倾向取代传统理性主义的实体而作为哲学的出发点，对此后的西方哲学发展产生了重大而深远的影响。

◆ 叔本华的生存意志论

亚瑟·叔本华（1788—1860年），德国哲学家。出生于波兰，父亲是非常成功的商人，后自杀。母亲是当时颇有名气的作家，与歌德等文豪有交往。他和母亲的关系一直不好，隔阂非常深，最后关系破裂。但由于他继承了他父亲的财产，结果使他一生过着富裕的生活。叔本华死后，将所有财产捐献给了慈善事业。叔本华是最早对以黑格尔为代表的理性派思辨形而上学进行全面批判，并明确提出要从根本上改变西方哲学发展方向的德国哲学家。

1814—1819年，叔本华在理智的孤独中完成了他的代表作品《作为意志和表象的世界》，但发表后无人问津。叔本华这么说他的这本书：如果不是我配不上这个时代，那就是这个时代配不上我。1848年革命失败后，以批判理性、宣扬悲观主义为主要特征的叔本华哲学受到极大欢迎，他本人也因此声名大震。不过，叔本华哲学对西方哲学发展的意义，主要还不在于它适应了1848年后德国的特殊的社会环境，而在于它对传统理性主义的批判正好适应了即将到来的西方哲学近现代转型的潮流，成了这一

叔本华

潮流的重要推动者之一。

1. 作为表象的世界

叔本华认为，人所认识的一切事物并非自在之物，而只是呈现于人的表象，即意识中的东西，都相对于作为主体的人而存在，"世界是我的表象"。叔本华反对把认识论层面的主体和客体当作独立存在的实体，而认为它们只能在表象中彼此相对而存在。他的理论的出发点既不是客体也不是主体，而是融

主客于一体的表象。

2. 作为意志的世界

叔本华哲学的另一独特之处在于对作为世界的"另一面"的自在之物作了唯意志主义的解释。他认为存在的东西本身，即自在之物，只能是意志。

首先，人的真正本质是意志。人最根本的东西是情感和欲望，也就是意志。过去理性派哲学家把思维（理性）看做是先于其情感意志的东西，其实，意志高于理性。人首先有意志，然后才认识所要认识的东西。理性和思想的目的不是其本身，而是作为满足意志、欲望的手段。

其次，整个世界的本质也是意志，世界的一切都是意志的外在表现。意志作为人的本质与作为世界的本质是统一的。被叔本华当作自在之物的意志是无意识的，即"盲目的、不可遏制的冲动"。人的两性关系、爱情、婚姻无非是实现生殖意志的工具。他把生活意志说成是宇宙意志，它们对象化为不同等级的理念，这些理念在现实世界中的不同等级的事物上表现自身。意志世界也就表现为主体的意志世界，"世界也就是我的意志"。

3. 悲观主义伦理学

在叔本华看来，由于现实社会中的人总是企图给自己去设定某种目的和理想，并企图通过认识和行动来使之实现。这一切归根到底只能给他们带来痛苦。因为这些目的和理想都受人的意志的支配，而意志的本质就是盲目的欲望和永不疲倦的冲动，后者本身就意味着痛苦。人生是在欲望不能满足时的痛苦和满足欲望后的无聊之间像钟摆一样的来回摆动着。愈强烈的意志就意味着更大的痛苦、更少的自由和道德。

减轻和避免人生的痛苦、成为自由和有道德的人的根本方法是抑制人的欲望，否定人的生命意志。

他提出的主要途径是研究哲学、进行艺术直觉以致达到佛教所说的涅槃。人们应当摆脱一切世俗的利益和要求，去除一切现实生活中的理想和目的，抛弃一切理性和科学的观念以及以理性为基础的一切道德规范而进入无我之境。这样一来，人们就可以超脱现象世界而进入自在之物、即意志世界。

◆ 克尔凯郭尔的非理性主义

索伦·阿拜·克尔凯郭尔（1813—1855年），19世纪上半期丹麦非理性主义哲学家和宗教神学家。他出生于哥本哈根一个笃信基督教的家庭。他的父亲出生贫寒，后经营羊毛致富。但他因为早年诅咒过上帝以及有过通奸行为而自认有罪，后妻和五个子女先他而逝，更使他备感震动，深信这是上帝特意使他领受无穷的痛苦和孤独。

1. 对传统哲学的批判与哲学的新方向

克尔凯郭尔被认为是使欧洲哲学发展发生方向性转折的重要人物之一。他所实现的转折的主要内容就是以孤独的、非理性的个人存在取代客观物质和理性意识的存在来当作全部哲学的出发点，以个人的非理性的情感，特别是厌烦、忧郁、绝望等悲观情绪代替对外部世界和人的理智认识的研究，特别是代替黑格尔主义对纯思维、理性和逻辑的研究来作为其哲学的主要内容。

2. 孤独的个人及其牵涉

克尔凯郭尔把孤独的个人的非理性的精神活动，即个人的生存当作全部哲学的出发点。他认为以往许多哲学家的失误在于只注意到人的身体和理智，而忽略了人的情感意志，而恰恰是后者使每一个人具有独特的个性。在他看来，每一个人所面对的世界都是他个人所体验到的世界，不同于其他人所体验的世界。而且个人以外的自然和社会

丹麦一景

环境是无个性的存在，它们不仅不能显露反而扼杀人的个性。因此，只有先撇开世界，从每一个独特的个人出发才能了解这个人本身及其所关联的世界。

3. 人生道路的三阶段

人在通向上帝的道路上经历三个认识自己的存在的阶段。它们也是人的存在的三个层次、境界，是人的三种不同生活方式。第一阶段是审美阶段。其特点是人的生活为感觉、冲动和情感所支配，个人沉溺于感性的享乐。这种生活必然会因不能长久满足或满足后的空虚和厌倦而使人痛苦。痛苦使人失望，而失望促使人追求第二阶段，即伦理阶段的生活方式。伦理阶段的特点是人的生活为理性所支配，克制自己暂时的情欲，遵守具有普遍意义的道德准则和义务。伦理的人会因为自己不能满足道德律的要求而感到自己有罪。为了解决有罪问题，不能依靠伦理，而只有依靠忏悔。于是就由第二种生活方式转向第三种生活方式，即宗教。宗教阶段的生活为信仰所支配。

不过，克尔凯郭尔并不认为每一个人的生活道路均依次经历这三个阶段。三个阶段只是三种可供选择的可能性，而每个人的选择可以不同。它们有时重叠交错，只有少数人才能达到第三阶段。

克尔凯郭尔关于人生道路三阶段的学说与他所谓的辩证法密切相关。他称黑格尔的辩证法为客观的和量的，而他的辩证法是主观的和质的，只存在于孤独的、非理性的个人的主观体验之中。这种体验不能对象化（客观化）、不能计量，无法用语言表达，不能作逻辑论证。黑格尔的"量的辩证法"可以作为科学认识的工具，而他的"质的辩证法"则只是与上帝保持关系的手段。

◆ 尼采的权力意志论

弗里德里希·威廉·尼采（1844—1900年），著名德国哲学家。1844年10月15日，尼采出生于普鲁士萨克森州勒肯镇的一个乡村牧师家庭。1865年，尼采进入莱比锡大学攻读古典语言学，并开始接触叔本华的哲学思想。这些思想后来成为尼采哲学思考的起点。1869年，年仅25岁的尼采被聘为瑞士巴塞尔大学古典语言学教授。1879年，尼采辞去了巴塞尔大学的教职，开始了十年的漫游生涯，同时也进入了创作的黄金时期。1889年，长期不被人理解的尼采由于无法忍受长时间的孤独，在都灵大街上抱住一匹正在受马夫虐待的马的脖子，最终失去了理智。1900年，尼采与世长辞，享年55岁。

尼采的主要著作有《悲剧的诞生》（1872）、《人性的，太人性的》（1878）、《快乐的知识》（1882）、《札拉图士特拉如此说》（1883—1891，亦译《苏鲁支语录》）、《超越善恶》（1886）、《道德的谱系》（1887）、《偶像的黄昏》（1888）、《看哪这人》（1888），以及未完

尼　采

成的、死后由他妹妹整理出版的《权力意志：论重新估价一切价值》。尼采的著作往往缺乏系统的、合乎逻辑的论证，而是通过散文诗式的抒发、格言警句式的隐喻来表达作者的种种思绪，其中不少有很高的文学价值。

1. 重估一切价值

"重新估价一切价值"是尼采提出来作为其全部理论出发点的著名口号，其含义就是要求批判以往思想文化、道德观念，破除它们的权威，这也就是对由理性主义支配的传统形而上学的批判。尼采要求建立一种能够发现和表达人的生命和本能这种深层存在的哲学。他从酒神狄俄尼索斯的形象中找到了这面镜子。他认为代表真实、破坏、

疯狂和本能的狄俄尼索斯精神比代表幻想、追求、理性和道德的阿波罗精神更为重要，因为它体现了一种无穷无尽的生命力，意味着人的一切最原始的冲动都获得解放，而不受任何理性观念或原则的约束。

2. 认识和真理

正是从狄俄尼索斯精神出发，尼采认为哲学不应当以认识论为中心，而应当以人的生活和行为为中心，使哲学成为伦理学意义上的实践哲学。只有从人出发才能认识世界。人们的任何概念、判断和表象都是出于人们的需要、激情、本能、倾向，是非理性的主体加工改造的结果。认识不可能是纯粹的，总是与人的某种利益和需要相关。

与传统哲学认识论的主观主义的不同在于，尼采对作为主体的人作了非理性主义的解释。他认为人的精神（内心）生活很大而且最重要部分是在意识以外发生的，即不自觉地、无意识地发生的。因此，

把意识、思维看做是主体，表示主体的各种状态的统一或者说基质，这不过是一种方便的虚构。

3. 权力意志

尼采认为人的认识和道德价值观念都取决于人的生命力和本能冲动。后者不是来自上帝或者其他物质和精神实体，而是来自于人的生命本身。人的生命是一种冲动、冲力、创造力，或者说一种不断自我表现、自我创造、自我扩张的倾向，尼采把生命的这种倾向看作是生命的愿望、意志，认为哪里有生命，哪里就有意志。生命意志就是表现、释放、改善、增长生命力本身的意志，即"权力意志"。

4. 超人哲学

尼采认为真正的哲学应当成为关于人的哲学，而超人则是人的目标和理想，因此真正的哲学应当成为超人哲学。从一种意义上说，尼采的超人是用来取代基督教的上帝和传统理性派哲学的绝对理性概念

的。他一再宣布"上帝死了"来意指以上帝或绝对理性概念为基础的基督教和理性派哲学的终结。

可以说，尼采是他那个时代的叛逆者。他在哲学上要求打倒偶像、重新评价一切价值、最大限度地发挥个人的生命力等观点很有积极意义。然而，尼采把个人的生命力和本能的作用夸大到无以复加的地步，由他的这些理论出发极易得出非常极端的社会政治结论。

新康德主义

新康德主义是19世纪中期黑格尔派在德国解体后形成，19世纪70年代以后广泛流行的、具有超越传统形而上学倾向的哲学流派或思潮。其特点是企图通过复兴和重新解释康德的有关理论来建立自己的理论体系。这种思潮既反对把康德的自在之物融化于绝对精神之中，更反对对康德的"自在之物"作出唯物主义解释。其根本立场是进一步发挥康德对传统形而上学的批判及康德的"哥白尼变更"所体现的对主体的创造作用的强调。

◆ 早期新康德主义者朗格的哲学

弗里德里希·阿尔伯特·朗格（1828—1875年），是新康德主义的开创者之一，新康德主义生理学派的主要代表。取得博士学位后，他先后在科伦和杜伊斯堡担任过中学副校长和校长，其间有几年在波恩大学任代课教师。1861年起他辞去教职，作为自由派活动家参与了当时德国的社会政治活动。他经常扮演工人领袖的角色，发表过一些维护工人利益的言论。他与马克思和恩格斯有过不少交往，但他的改良主义立场与他们的立场有着原则的区别，因而受到了他们的批评。

1. 论回到康德的意义

朗格认为康德是亚里士多德以来西方哲学史上最有贡献的哲学家，不仅克服了以往各种哲学的缺陷，也为以后的哲学发展开辟了道路。康德哲学的关键部分是其关于理论理性的学说，必须到他的理论理性的批判中去寻找他在哲学上所实现的变革的根本意义。

2. 朗格的生理学唯心主义

朗格感官生理学证明了康德的观点：人的一切感觉、认识并不是对外部世界的反映（尽管后者也提供一种刺激），而是人本身的机体组织，首先是感觉器官的结构的产

杜伊斯堡一景

物。由于器官的组织不同，同一对象就会显得极不相同。这样，认识的客观来源、认识内容的客观性完全被抛弃了，一切都被归结为主体的生理构造。人们对世界的认识就完全是主观主义和相对主义的了。朗格认为人的认识只能在现象界，自在之物是其活动的极限，就像池底和池岸是池内的鱼儿活动的极限一样。而且在一定程度上可以用为我之物来代替自在之物，例如可以将关于冷热的概念代替物体的实际温度。这就把客观存在的事物归结为人的感觉概念中的事物。

◆ 柯亨和马堡学派

赫尔曼·柯亨（1842—1918年），犹太血统的德国哲学家，出生于教师家庭，1865年获哈勒大学哲学博士学位，1873年到马堡大学任教。柯亨和团聚在他周围的哲学家企图利用和发挥康德认识论中的某些思想，建立一种以认识论和方法论为中心的哲学。他们把认识论和方法论问题归结为先验逻辑问题。

除柯亨以外，马堡学派最重要的代表人物是保尔·那托普和恩斯特·卡西尔。柯亨把马堡学派的哲学当做是一种方法，运用于构造"精密科学"、精神科学以及社会关系的体系。卡西尔的哲学的特点是把马堡学派的观点运用于历史、文化和政治领域，其后期哲学更接近于现象学和哲学人类学。

马堡学派明确表示要在了解康德的基础上超越康德，其对康德哲学的改造的主要表现之一是撇开康德哲学中的先验心理倾向，发挥其先验逻辑倾向。

朗格等早期新康德主义者倾向于对康德关于理论理性学说的先验心理解释。强调作为认识主体的心理意识具有一定的先天结构和形

式（感性、知性、理性的先天形式），它们决定着人的知识的结构和形式，科学知识之所以具有普遍性和必然性，就在于人具有同样的心理意识结构。换言之，人们对世界的认识是以人的心理意识结构为转移的。

马堡学派则认为上述解释意味着把意识分析当作认识论和整个哲学的出发点，这种心理主义是康德哲学的不彻底性的重要表现，因为它既可能由于把心理意识活动的对象当作意识之外的自在之物而导致自然主义，也可能由于把对象归结为主体的先天能力而导致主观主义。柯亨等人的先验逻辑倾向主要表现在他们认为哲学的根本任务是阐明数学和数学的自然科学的可能性，并进而阐明包括道德、艺术、宗教在内的其他一切知识部门的可能性，揭示它们的逻辑前提，发现各门科学的一般的逻辑结构。正是

这种共同的先验的逻辑结构或逻辑形式，使知识具有统一性。因此，哲学就是科学认识的逻辑，或者说纯粹认识的逻辑。

◆ 文德尔班和弗莱堡学派

威廉·文德尔班（1848—1915年），职业教授，曾先后任教于苏黎世、斯特拉斯堡、海德堡等大学。1894年起曾任斯特拉斯堡大学校长，晚年逐渐转向新黑格尔主义。其主要哲学著作有：《序曲论文集》《历史和自然科学》《论自由意志》《哲学概论》《古代哲学史》《近代哲学史》。

弗莱堡学派先后以弗莱堡大学和海德堡大学为活动中心，二者均属于德国西南部的巴登州，故它又称海德堡学派、西南学派或巴登学派。在继承和改造康德的先验论以及重新解释康德"自在之物"概念方面，弗莱堡学派同马堡学派很

是类似。但马堡学派把客体当做主要对象，从对数学的自然科学的研究中发挥了康德的先验逻辑学说；弗莱堡学派则把先验主体本身当做主要研究对象，从对主体的研究出发来研究客体及其与主体的关系，发挥了康德的先验心理学，把先验主体对于对象（包括自然和文化对象）的评价当做统一全部哲学的基础和解决全部哲学问题的标准，把对文化历史事件的评价当做哲学的主要内容，把康德的自在之物当做是应当如此之物。弗莱堡学派的主要哲学观点是由文德尔班首先提出的，李凯尔特后来对此作了进一步发挥。

苏黎世一景

马赫主义

马赫主义是19世纪末出现的一种通过恢复和更新经验主义来超越传统形而上学的国际性思潮的组成部分。当时物理学中发生的革命推翻了以往自然科学关于世界、物质的概念，也动摇了孔德等人的描绘世界图景的综合哲学体系。马赫主义一方面继承了实证主义的基本哲

维也纳大学一景

学观点，另一方面又企图对当时自然科学的新变化作出解释。

恩斯特·马赫（1838—1916年），出生于捷克的一个教师家庭。初在其父的指导下学习小学和中学课程，15岁进中学读六年级，毕业后进维也纳大学攻读数学和物理，22岁毕业并取得博士学位。毕业后作过家庭教师，在维也纳做过编外讲师。1864年成为格拉茨大学数学教授，1867年起任布拉格大学物理学教授并曾两度出任校长。

马赫被认为是现代西方最早的科学哲学家之一。他以批判的态度对科学史（主要是物理学史）做了认真的探讨。他认为科学史不只是为了了解历史，更是为了促进对科学现在和未来的了解，从而促进科学的发展。他把自然科学和哲学研究结合起来，企图为自然科学的理论和方法寻找哲学的立脚点。他对当时旧的机械论和对科学和理性进行批判的非理性主义都加以否定

和批判。主要著作有《动觉理论大纲》《感觉的分析》《认识和谬误》。

◆ 马赫理论

1. 世界要素论

马赫否定科学研究的对象是人以外的物质世界，认为无论是心理学或物理学，都只与人的意识（表象、感觉）相关。物理学所研究的物体不是存在于人的意识之外的客观对象，而只是人的感觉之间的联系。后期，他提出要素论。要素是一种非心非物，或者说超乎心物对立的中性的东西。要素本身并不是指精神或物质实体，而只是一种假定和一种函数关系。

马赫把要素分成三类：物理要素，如颜色、声音等；生理要素，如神经系统，视网膜等；心理要素，如意志、记忆、印象等。三类要素并非独立存在，而是相互影响。同一要素，在一种联系上是物

理的东西，在另一种联系上则是心理的东西。心理的东西和物理的东西之间的界限是实用的和约定的，它们之间的不同不是性质的不同，学的经济活动。思维经济原则的基本内容简单说来就是用尽可能少的思维取得尽可能多的效果。这正像精明的商人用尽量少的资本、付出

颜　色

而是要素之间的结合方式不同。

2. 思维经济原则

思维经济原则是马赫主义认识论的根本原则。马赫认为为了使人适应环境，有效地进行生存斗争，就必须使人的思维和科学活动成为最简单、最便捷的活动，成为生物尽量少的劳务、花费最少的时间而赚取尽量多的利润一样。科学和人类认识的作用在于模写和预测经验事实，以代替经验、节省经验。一种科学理论越是能代替更多的经验事实，越是简便、越是经济，就越有利于使人适应环境，从而就越是

符合生物学的经济原则，即思维经济原则。

◆ **彭加勒的约定论**

彭加勒（1854—1912年），法国著名数学家、物理学家和天文学家。他出生于法国的一个名门望族，早年对自然史和古典文学感兴趣，后来学习采矿工程，但热衷于数学。1879年获巴黎大学博士学位，并到加因大学讲授数学分析。1881年转入巴黎大学，讲授数学、物理和天文。他写了大量数学和物理学论著，对数学中的微分方程、数论和代数有较大贡献。1887年被选入法国科学院，1906年成为法国科学院院长，1908年被选为法兰西学院院士。

巴黎大学一景

约定论是彭加勒关于科学理论的性质的观点，其基本思想是：科学的概念、理论、原则等等只是一些经验符号、记号，不是客观实在本身的反映。它们不是起源于具有客观基础的经验，也不是先天的，而是科学家们彼此约定的，是由于大家同意才发生作用的。非欧几何的出现证明过去被认为必然真实的欧氏几何并不具有必然真实的特性。几何公理也并非来自经验，因为几何公理是精确的，而经验的东西具有偶然性，往往不精确，因此几何公理只能是约定的。他进而认为一切科学结论在某种程度上都是约定的。因为任何科学原理都是假设，而任何假设总是可替换的。我们究竟使用什么假设，归根到底只能由大家约定。

他一方面认为约定不必依据客观实际而依据人的主观需要，也就是不问其真实与否，而只问对人是否有用、方便。一种几何学并不能比另一种几何学更真实，它只能是更为方便。另一方面他又指出，人们在作出约定时，必须避免矛盾，而

彭加勒画像

且要使约定反映事物之间的关系，这种关系就是科学中的约定所反映的实在。

彭加勒的约定论是对马赫主义的重要补充。这一理论对现代西方哲学，特别是后来的逻辑实证主义产生了很大影响，他因此被认为是逻辑实证主义的先驱之一。

生命哲学

生命哲学是19世纪末至20世纪上半期在德、法等国流行的一种具有非理性主义特征的哲学思潮。它把揭示人的生命的性质和意义作为全部哲学研究的出发点，进而推及人的存在及其全部认识和实践，特别是人的情感意志等心理活动，再由人的生命和存在推及人的历史和文化，以至人与周围世界（社会和自然）的关系。换言之，由对生命的揭示而推及对整个世界的揭示。

◆ **狄尔泰的生命哲学**

狄尔泰（1833—1911年），德国最具代表性和深远影响的严格意义上的生命哲学家。他出生于一个笃信宗教的家庭。父亲有某些泛神论倾向，母亲有较高艺术素养。家庭环境使他从小就把对上帝的崇敬与对大自然的生命力的信念完全融合在一起。狄尔泰曾在著名历史学家兰克的引导下研究过历史，大学毕业后先后在巴塞尔、基尔等大学任教，1882年回到柏林接替洛采的柏林大学哲学讲座教席。他的主要著作有《关于人、社会和国家科学历史的研究》（1875）、《精神科学导论》（1883）等。

基尔大学一景

广义地说，狄尔泰的"生命"一词泛指人类个人和集体生活的整个范围，包括它们的表现、创造以及人类的社会组织、文化成就，人心向内于向外的一切活动（特别是人的非理性的和本能的精神活动）等等。

他特别强调生命的时间性和历史性。生命是以人类的永恒的历史为背景的，它其实就是历史的生命、社会的生命。我们所经历的生命时间不是一连串细小而不连结的时间单位，而是一个人一生连续不断、由生到死所限定的境遇，每一瞬间都伴随着对过去的意识和对未来的期待。个人的生活构成一个体

142

验中心。但每一个人同时又是无数交叉系统中的一个点，无数个人聚成生命之网络，汇成生命之巨流，而生命本身就在他们中间实现为社会的、历史的实在。

◆ 齐美尔的生命哲学

齐美尔（1853—1918年），出生于柏林，毕业于柏林大学。曾长期在柏林大学任教，后任斯特拉斯堡大学教授。他和狄尔泰都曾经是新康德主义的信徒，后来转向生命哲学。主要著作有《历史哲学问题》《对生命的直觉》等。

齐美尔用两个特别的命题来说明生命："生命比生命更多"和"生命超出生命"。前者指生命是一个生生不息的创造过程。生命不断更新、发展和壮大自己。后者指生命从自身创造出非生命的东西，这些东西又具有它们自己的规律和

狄尔泰

意义。也就是说，生命有超越生命自身的能力。

齐美尔把上述关于生命的创造和超越的观点扩大到解释人类活动的几乎所有领域，特别是社会历史领域。他以康德式的提问方式提出了关于历史和历史知识何以可能的问题。他不仅像狄尔泰的历史相对主义一样否定历史秩序的先天性，

而且认为历史秩序的形式的连续性也是相对的。

狄尔泰和齐美尔的生命哲学和历史哲学在20世纪初以及第一次世界大战以后的德、奥等国产生过很大影响，形成了历史主义和生物学哲学两股思潮。后者的主要代表是克拉格斯，他在其代表作《作为心灵的对手的精神》中从活力论和反理性主义出发强调无意识的原始生命力的创造作用。这种生命力弥漫于作为人的生命的直接体现的身体中。

◆ 柏格森的生命哲学

柏格森（1859—1941年），19世纪末至20世纪上半叶法国哲学界影响最大的人物，对现代哲学、科

柏林大学一景

144

学、文学与宗教都有广泛的影响。他出生于一个音乐家的家庭，早年曾就学于巴黎高等师范，1889年出版《意识的直接材料》（英译本名为《时间与自由意志》），获哲学博士学位。1900至1924年任法兰西学院教授。1914年被选为法国科学院院士，1928年获诺贝尔文学奖。其他主要著作有《物质与记忆》《创造进化论》《笑的研究》《形而上学导言》《道德和宗教的两个起源》等。

柏格森哲学以生命冲动为基石、以时间为本质、以直觉为方法、包罗与人有关的一切理论领域。但他企图对传统问题作出新的解释，把形而上学的研究对象从空间转移到时间，强调时间的心理性质。另一方面他又把对世界整体和人的存在的认识推向非理性的直觉，对20世纪各种非理性主义学说的形成和发展起到了重要的推动作用。

柏格森认为近代哲学犯了一个

柏格森

根本性的错误：把最深沉、最内在并且是活生生的绝对实在变成了外部空间对象，把本来不占空间的东西变成占空间的东西，使哲学遇到种种无法解决的困难。

柏格森与传统哲学的根本区别就在于要以时间取代空间作为形而上学的对象，他认为哲学不是具体科学的综合，它决不能像实证科学那样把心灵生活和内在的生命与空间中的物质对象等同对待，它的对象应是时间——真正的绵延。

柏格森认为应当区分两种时间。一种是真正的的时间，即生活和具体的时间；另一种是科学的时间，即度量和抽象的时间。绵延就是真正的时间，它是纯粹的，不掺杂任何空间要素。而科学的时间则受空间概念的影响。绵延是质的连续不断的变化，没有明显的界限和分离的迹象，纯粹异质，不可估量，只是内在的、心理的过程。

新黑格尔主义

◆ **格林的哲学**

格林（1836—1882年），英国新黑格尔主义的奠基者。他出生于英国的一个牧师家庭。1855年进入牛津大学学习，1860年成为该校研究生。1867年以后在该校教哲学，1878年升为道德哲学教授。他除了从事哲学教学外，还致力于教育、政治方面的实际工作。主要著作有《休谟人性论导论》《伦理学绪论》《关于政治原理的演讲》。

1. 康德主义和黑格尔主义的融合

格林在英国新黑格尔主义形成和发展中的作用，在于他对以休谟为代表的经验主义进行了激烈的批判，动摇了它长期在英国哲学中的统治地位，由此引入康德和黑格尔等德国唯心主义哲学，使之在英国站稳脚跟。

他要求以德国哲学中强调联系和整体的观点来取代经验主义关于事物的分散、孤立的观点。他认为内在关系体现了事物的本质。一事物只有同别的事物发生内在关系，作为整体中的事物，才可能是实在的。人的自我意识把各种不同事物联系起来才有了内在关系，真正的知识也只能存在于关系中。

2. 道德和政治

格林反对穆勒、斯宾塞等人用自然科学方法来解释道德生活的倾向。认为正是人的超自然的精神原则使人具有道德。研究道德应从研究作为其根源的精神原则开始，从形而上学开始。这个精神原则正是作为无限永恒意识的体现的人的自我意识。

决定论和意志自由论都是片面的，为了正确解释人的自由和人的道德行为，应把经验和自然因素的作用与人的自由选择结合起来。人

黑格尔

必须对自己的行为负责。格林反对以穆勒为代表的伦理学上的快乐论（享乐主义）。人的道德行为的目的应是自我实现而不是追求享乐。

斯宾塞

年进牛津大学，1870年任任研究员，一直到逝世。因患有多种疾病，从1871年起他一直过着几乎是足不出户的孤寂生活，终生未娶。主要著作有《伦理学研究》《逻辑原理》《现象与实在》《真理与实在论文集》。

布拉德雷与黑格尔的不同之处于要表现在：第一，在黑格尔那里，绝对精神是一种客观的宇宙精神，在布拉德雷那里，绝对指的是绝对经验。绝对经验是一切存在的基础，它是一切有限经验的有机整体，超出有限的个人经验之外，又存在于这些个人经验之中。第二，黑格尔

◆ **布拉德雷的绝对唯心主义**

布拉德雷（1846-1924年），英国新黑格尔主义的领袖人物。他出生于英国的一个牧师家庭，1865

关于绝对的唯心主义是一种泛理性主义，而布拉德雷的绝对唯心主义具有明显的非理性色彩。绝对经验不仅包含了通过感觉而得到的经验，也包括了主观的情感意志以及神秘的本能体验。

布拉德雷把感知经验分成三种，即直接经验（低于关系的经验）、相对经验（处于关系之中的经验）、绝对经验（超关系的经验）。它们外表上是一个由低到高的发展过程。直接经验指人所直接感受到的原始的、混沌的经验。相对经验是有了主体与对象、实在与现象之分的经验。绝对经验超出了一切矛盾和对立，一切均保留了自己的个性而又无矛盾地消融于绝对经验之中。

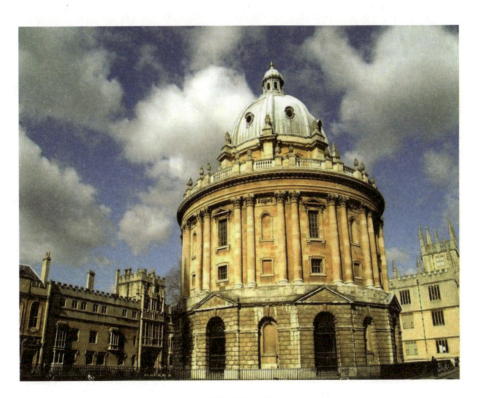

牛津大学一景

149

布拉德雷的认识论带有明显的不可知论、非理性主义倾向。抽象性的观念不能认识具体性的实在。实在只能在本能体验和直觉中达到。他的绝对、实在虽不是正统的基督教的上帝，但仍然起着上帝的作用。

◆ **鲍桑葵的绝对唯心主义**

鲍桑葵（1848—1923年），英国新黑格尔主义的首领人物之一，其影响稍逊于布拉德雷。他毕业并任教于牛津大学，除了从事著述外还广泛参加社会活动。主要著作有：《知识和实在》《逻辑—知识的形态学》《美学史》《逻辑基础》《道德自我的心理学》等。

鲍桑葵肯定实在是一个精神性的整体，并强调了这种整体的个体性。每一个人都自成一体，都有自

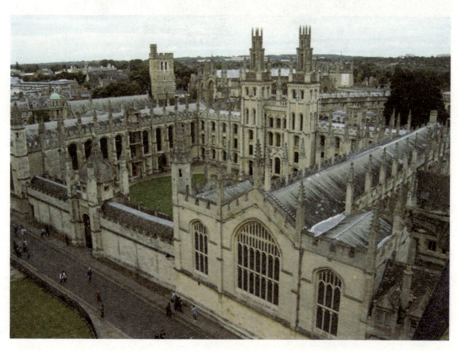

牛津大学一景

己的世界；世界对每一个人来说就是他自己的世界，是由他的知觉所构成的意识历程，是他现在的知觉的一种延伸和规定。不同个人的世界是由类似的判断、推理等逻辑过程构造出来的，有着共同之处。各个个人构造作为对象系统的世界的过程越是发展，他们的世界就越是彼此吻合，以至越来越融合为一个共同的世界，即作为精神性的整体的绝对。在这个统一整体中包含了作为各个个人的世界的相异因素，而在各个个人的相异的世界中又有着共同因素。

鲍桑葵在政治上主张社会改良，属资产阶级自由派。他明确反对穆勒、斯宾塞等自由派思想家的国家理论。认为国家本身是公共意志的体现，它的最终目的如同它的成员的最终目的一样，是求得最美好的生活，排除实现普遍幸福的障碍，充分发挥人作为人的能力。国家之所以采取强制措施正是服从这种目的，因此公民对国家应当服从。

◆ 罗伊斯的绝对唯心主义

罗伊斯（1855—1916年），美国新黑格尔主义最有代表性的人物。他早期的哲学思想倾向于与宗教融合在一起的客观唯心主义。他认为，实在是超出个人的局限性的整体观念，即绝对或无限的思想或上帝。个人的思想行为以及作为思想对象与其他一切事物归根到底都是"绝对"的表现，它们都以绝对为基础，并融化于绝对之中。

罗伊斯认为应把实在既看作是个体又看做是绝对，即包含杂多的具体的共相。绝对是一种作为意志和目的的体现的经验生命。每一有限的主体及其观念是这种意志和目的的不完全的或者说局部的实现，而意志和目的的完全的体现则是作为整体的世界。任何一个有限的主体及其观念都趋向整体，而有限的个人也能在整体中认识自己。个人并不为整体所吞没，他们有其相对独立的意义。就每一个人说，他所面对的世界就是他自己的世界，就是他的意志和目的的实现。

◆ 布兰夏德的哲学

布兰夏德（1896—1964年），后期美国新黑格尔主义的最主要代表。1913年毕业于密执安大学，后到哥伦比亚、牛津和哈佛等大学深造，获博士学位。曾在密执安大学和耶鲁大学任教。主要著作有《思想的性质》《理性与善》《理性与分析》《理性与信仰》等。

布兰夏德的基本观点是企图用思想的性质来解释存在的性质。思想发展的过程就是思想实现自己的目的以达到真理的过程，而这也是掌握存在的性质的过程。因此，哲学的任务在于阐明思想的性质。他认为应把观念看作局部实现了的对象，而对象则是完全实现了的观念。

哥伦比亚大学

这里的观念是指具有普遍意义的"共同的理性"，实际上就是黑格尔绝对理念的翻版。观念的目的是二重的，即超越的目的和内蕴的目的。前者指超出观念本身之外而达到对象和实在，后者指将一个观念同其他观念联系起来，在观念网络中与其他观念彼此贯通一致。大体上说，前者相应于经验知识，后者相应于先验知识。整个知识和观念系统是一个包含了观念的普遍性和实在的具体性的系统，是一个作为具体共相的系统。

◆ **克罗纳的非理性主义**

克罗纳（1884—1974年），德国新黑格尔主义的最大代表。出生于布累斯劳，先后在弗莱堡、德累斯顿、基尔、柏林等地任教。1938年移居英国，1940年移居美国。主要著作为两卷本的《从康德到黑格尔》。

克罗纳是李凯尔特的学生，后来转向新黑格尔主义。他受生命哲学家狄尔泰的《青年黑格尔》的影响，对从康德到黑格尔的发展作了非理性主义的解释，把黑格尔当作一个非理性主义者。他把黑格尔的绝对观念解释为思维着自己的超理智的、活生生的生命。黑格尔辩证法形式上虽是理性的，内容上却是非理性的。哲学以生命（即精神、自我意识）为对象，而后者在自我认识过程中必然产生矛盾。经验科学只以现象为对象，不像哲学那样认识其自身，不会产生矛盾。在经验科学中如果发现矛盾，就证明它们陷入了错误。最高的和绝对的统一性只能由超乎哲学和科学之上、超乎理性和逻辑之上的信仰来把握。信仰居于首位，它超出理性的力量之上，并完成理性的事业。克罗纳的信仰主义与他的非理性主义是一致的。

弗莱堡一景

◆ 克罗齐的精神哲学

克罗齐（1866—1952年），意大利新黑格尔主义的首要人物，也是20世纪以来西方影响最大的哲学家之一。他曾两次出任意大利政府的内阁部长，对法西斯主义抱过幻想，后又成了坚定的反法西斯主义者。主要著作有四卷本《精神哲学》（或译《心灵哲学》）、《黑格尔哲学中的活东西和死东西》《美学原理》《伦理和政治》《史学与道德理论》《黑格尔研究与哲学解说》等。

1. 精神（心灵）哲学的理论体系

克罗齐继承了黑格尔把绝对精神当做现实世界的基础的基本观点，但又把这种精神与人的主观心灵相融合。他认为在精神以外没有任何真实的存在，一切经验和认识的对象都是出于精神的创造。自然界等在人及精神之外的存在只是精

意大利一景

神的假设。精神的对象只能是由精神本身给予了规定性的东西。

2. "差异辩证法"

克罗齐认为辩证法有两种：矛盾的辩证法和差异的辩证法。直觉、概念、经济、道德这四种精神活动彼此是"相异概念"，它们之间的联系不是对立和矛盾，而是后者包含了前者，即"差异统一"。

对立和矛盾只存在于相异概念内部。黑格尔的根本错误是差异概念混同于对立概念，由此把对立统一当做是普遍存在的。

3. "绝对历史主义"

哲学和历史是统一的。历史无非就是精神活动的循环史。历史学家对他所研究的事件进行理解和估价就是从事哲学活动，从而也成了哲学家。他否定历史本身有其发展的客观规律，而把它归结为个别的、特殊的历史事件的堆集。历史像诗和道德意识一样，没有规律。

克罗乔认为黑格尔用他的概念发展理论来解释历史，使历史融合于他的体系中是消灭历史，否认历史家的历史。

实用主义

实用主义19世纪70年代产生于美国的实用主义哲学流派，继承近代经验主义传统，广泛吸取其他各派的哲学观点，反对二元分立的近代形而上学，认为哲学的主要任务是制定科学的认识论和方法论，把哲学和科学研究的对象限定于人的现实生活和经验所及的范围，强调行动、过程和效果，注重非理性的情感、意志以及本能和直觉，强有力地影响了美国人的思想和行动。

◆ 皮尔士与实用主义的创立

皮尔士（1839—1914年），生于马萨诸塞州，1855年入学于哈佛大学，从1861年起长期在海岸观测所任职。与此同时，他还曾在哈佛大学和约翰霍普金斯大学兼课，讲授逻辑学、科学史等课程。他在物理、化学、数学、逻辑、科学史等方面成就卓著。晚年穷困潦倒，1914年死于癌症。主要著作有《机会、爱情与逻辑》《皮尔士文集》8卷等。

批判和超越笛卡尔以来的西方体系哲学、建立以实践和过程为核心的哲学是皮尔士思想的主旋律。他继承了休谟以来近代经验主义传

马萨诸塞州一景

统，却又企图超越其唯名论和原子主义倾向；他接受了康德先验论的某些思想，却又批判其不彻底性。皮尔士哲学的主要意义在于他在超越旧的哲学思维模式的界限、建立符合时代精神的新哲学上迈出了重要的步伐。

皮尔士的实用主义从思想来源说，主要是受到康德的启发。康德曾提出"实用的信念"以及区分"实用的"和"实践的"的理论。但皮尔士不满意康德的自在之物理论的不彻底性和普遍知识理论，他把一切知识都归结为"实有的"信念，关于知识的问题被归结为确定信念以便使之成为行动的工具的问题。关于怎样确定信念的问题以及为了确定信念而澄清概念、思想的意义问题是皮尔士实用主义的主要部分。

◆ 詹姆士与实用主义的系统化

詹姆士（1842—1910年），出生于一个笃信宗教的殷实家庭。曾在纽约、伦敦、巴黎、波伦、日内瓦等地求学，学过绘画、比较解剖学、生理学和医学，1867年开始对哲学感兴趣，1869年在哈佛获医学博士学位。1872年任教于哈佛大学，后升至生理学和哲学教授。主要著作有《心理学原理》《信仰意志和通俗哲学论文集》《宗教经验之种种》《实用主义——一些旧思想方法的新名称》《多元的宇宙》《真理的意义》《哲学的若干问题》《彻底经验主义论文集》。他在实用主义发展中的作用，主要在于把皮尔士仅仅论述过的实用主义方法论原则发展成为一个较为系统的实用主义理论体系，并用它来分析各种具体问题。

1. 心理学和意识流理论

詹姆士是由研究心理学而走

日内瓦一景

上哲学道路的。受生物进化论的影响，他把人的心理意识解释为有机体适应环境的一种机能，而不是由孤立和单个的知觉或观念（经验要素）结合而成的心里事实，被认为是近代心理学中机能主义的先驱。

他在反对构造主义心理学时提出意识流理论。詹姆士认为人的心理意识活动不能分析为简单的、不变的观念，它们总是流动不居的、混一的。思想是主体的全部心理活动。思想总是个人的思想；思想永远是变化的；思想总是连续的；思想必有不以思想为转移的对象；思想总是有选择性的，总与人的利益和兴趣相关。这一学说后来成为文艺创作中意识流方法的理论来源。

2. 反形而上学与彻底经验主义

詹姆士认为，人们只应当反对那种脱离经验和科学、用理性思辨去构造世界的先天的形而上学，但不应反对那种对科学进行概括的后天的形而上学。科学的目的是获得实际效果，其事实材料将丰富形而上学，但它并不依赖后者。

詹姆士的彻底经验主义像休谟等人一样把哲学、科学以及人的全部认识局限于经验和现象范围，但克服了心物对立等二元论的局限性，并且与他的意识流学说密切相关。其出发点是意识流（纯粹经验），具有明显的非理性主义特征。

◆ 杜威与实用主义的发展

杜威（1859—1952年），不仅是美国实用主义的最大传播者，而且是著名的政论家、社会学家和教育家。他出生于佛蒙特州一个杂货店商人家庭，1875年进佛蒙特大学，毕业后在一所乡村学校教书。1882年成为约翰霍普金斯大学的哲学博士研究生。1884年执教于密执安大学。1894年到芝加哥大学任教，1896年在此创办有名的实验学校。从1905年起，他转到哥伦比亚大学任教。从1919年起，他开始一系列国外讲学旅行，五·四前夕到了中国。主要著作有《伦理学》《我们怎样思维》《实验逻辑论文集》《哲学的改造》《经验与自然》《确定性的追求》《逻辑：探索的理论》《人的问题》《认知与所知》。

1. 经验自然主义

杜威以改造以往哲学为己任，试图建立一种以人的生活、行动、实践为核心而贯通心物主客的新哲学。他认为传统哲学把经验当做知识，即主体对于对象的一种认识。将经验者和被认识的对象、经验和自然、精神和物质割开而分别归属于两个不同领域。唯物和唯心等对立都出于这种"二元论"。经验自然主义的主旨正是克服这种二元论。

杜威用有机体与环境之间的相互作用代替詹姆士的意识流，更加强调经验只是作为一种活动过程，而不是精神事物。经验包括经验到

佛蒙特州一景

什么和怎样经验，是一个能经验的过程。经验决不仅仅是认识。人们并不是首先认识事物，而是拥有事物并为拥有而高兴或苦恼。一切事物都是作为过程、活动而产生，作为过程和活动而存在的。

2．工具主义

广义地说，工具主义是杜威实用主义哲学的别称，狭义地说是指他关于认识和真理的理论。其基本观点是认为思想、观念、理论是人的行为的工具，它们的真理性的标准在于能否指引人们的行动取得成功。他反对理性派哲学关于真理是先天的理性概念或绝对观念的属性的观点，否定逻辑原则的先天性，同时也反对唯物主义反映论。任何思想、概念都只能看做是运用的假设，是人们为了达到预期目的而设计的工具。

◆ 迈农的对象论

迈农（1853—1920年），出生于奥地利，1882年起在奥地利格拉茨大学任教，1889年升任该校教授。主要著作有《假设论》《对象论》《对象论在科学体系中的地位》《可能性和或然性》《一般价值论的基础》等。

迈农在哲学上以提出对象论而著名。他认为"对象"不仅指存在着的具体事物和常存的共相，而且也包括那些非存在的东西，它们是并不存在但具有客观特性的对象，这样，我们就可以说可能存在着像圆的正方形那样的实体。我们可以大大超过对象存在的内容加以确切地描述。他指出，每一对象都具有"特性"，而且特性独立于对象的存在；有的对象并不具有和它的存在相矛盾的特性，他称之为"可能的对象"。这类对象中有些是存在的，有些是不存在的，如"金山"。他还指出，有的对象具有和它的存在相矛盾甚至排斥它存

奥地利风光

在的特性，他称之为"不可能的对象"。这类对象在现实的存在中是找不到的，如"圆的正方形"。在他看来，所有的对象，不论其特性和存在是否矛盾，都不是被我们所创造的，也不依赖于我们的思维活动。他强调对象在总体上远远超出现实东西的范围。迈农认为，判断的对象并不是一个存在着的具体事物，而是一个"客观的"东西。同样，假设的对象是客观的，假设本身无所谓错误，但它所涉及的对象有真假。他指出，只有参照假设，我们才能理解精神生活中的许多现象。

◆ **亚历山大的层创进化论**

亚历山大（1859—1938年），出生于澳大利亚的悉尼，1877年进牛津巴利奥学院，攻读数学、古典文学和哲学。1882年被选为牛津林肯学院的评议员，后放弃该职位去德国弗莱堡从事心理学研究。1893年被选为欧文斯学院的哲学教授。主要著作有《道德秩序和进步》《洛克》《空间、时间和神》《美和其他价值形式》等。

他把抽象的"空间—时间"看做宇宙的基础、最终的实在、世界的原始质料，它是不可分的连续统一体，万物由此而生。空间—时间产生万物的过程是一个特殊的发展过程，它按一个不可逆的方向展开，其中不仅有连续的变化、增加和减少，而且有新质突然地、偶然地出现。实在世界由于"突现的进

悉尼风光

163

化"而形成一个质的等级体系。最基层的是空间—时间，然后是无机物、有机物、生命、心灵、最高级的则是神。神是包括各种突现的质的空间—时间的宇宙。不同的层次在质上是全新的，但彼此仍处于一种连续性的关系之中。

◆ **怀特海的有机体哲学**

怀特海（1861—1947年），英国著名数学家，逻辑学家和哲学家幼年受过良好的传统古典教育，1880年进剑桥大学学习数学，毕业后留校教数学，1919年去伦敦执教，1924年去美国哈佛大学任哲学教授，直至1937年退休。主要著作有《数学原理》（与罗素合著，1910—1913年）、《关于自然知识原理的研究》《自然之概念》《相对性原理》《科学与近代世界》《过程与实在》《观念的探险》《思维方式》。

怀特海是20世纪上半叶一位有较大影响的英美哲学家。他的有机体哲学（又称为"活动的过程哲学"）深受相对论、量子力学以及柏格森生命哲学、亚历山大层创进化论的影响，与传统的机械论相反，他反对把世界看成是物体的总和和堆积，主张把自然界理解为活生生的、赋有生命的创造进化过程，理解为众多事件的综合或有机的联系。

怀特海把事件看做世界的基本要素，宇宙就是事件场。事件与事件处于相互关联之中。事件只是经过或流过，事件的流动一去不复返，不重复，故每一事件都是独一无二的。事件是自然中实际发生的东西，故必定在某个时空区域内。而有机体是各种事件的综合统一体，它有着自身的性质、结构和自我创造能力。它是一种活动的、进化的结构。事件理论是怀特海早期哲学理论的核心。

后来，怀特海其形而上学的中心概念是"永恒客体"。永恒客体是自然之中不流动的因素，它们是普遍的质，但并不能独立存在，当它们脱离现实的事件之流时，只是一种抽象，组成一个抽象的世界；只有当它们进入事件之流后组合起来，才能成为具体的"显相"，也就是现实的实有。现实实有取代事件成为构成世界的终极的真实事物。

怀特海

分析哲学

分析哲学是20世纪西方哲学中的主要思潮之一，其发展大致经历了三个主要阶段：20世纪的头十年是其形成时期，以弗雷格的逻辑思想、摩尔、罗素等人提出哲学的分析方法为标志；20世纪20～40年代是其得到全面发展的鼎盛时期，以维特根斯坦的《逻辑哲学论》和维也纳学派的形成为标志；20世纪50年代之后，也是分析哲学从欧洲大陆移师美国之后，分析哲学开始走向衰退，主要以蒯因的逻辑实用主义为标志。

◆ 分析哲学之父——弗雷格

弗雷格（1848—1925年）德国著名的数学家、逻辑学家和哲学家，现代数理逻辑的创始人，分析哲学的奠基者。1848年生于德国的魏玛，父亲是一所女子学校的校长。1869—1871年间在耶拿大学学习数学、物理和哲学，后转到哥廷根大学，1873年在该校获得哲学博士学位。次年返回耶拿大学任教，1879年起担任数学教授，直到1918年退休。主要著作有《概念文字》《算术的基础》《函数和概念》《论概念和对象》《论意义和意谓》。

弗雷格最初对分析哲学的影响是他的反心理主义观点。在《算术基础》中他提出哲学研究的三条基本原则，其中第一条就是始终把心理的东西和逻辑的东西，主观的东西和客观的东西严格地区别开来。真理是客观的，不以作出判断的人为转移；思想不是思维的主观活动，而是思维的客观内容。思维活动则是主观的、是个人的心理活动，在不同的人那里是不同的。由于思想是客观的，因此也是自足的。

弗雷格对心理的东西与逻辑的东西、客观的东西与主观的东西的区分，在分析哲学的形成过程中具有十分重要的意义。其一，这使逻辑研究摆脱了传统的心理学影响，使逻辑学建立在客观的基础之上，从而确立了其独立地位；其二，他把语词的意义和被判断的内容看做是客观的、公共的，可以为所有的人所掌握，这不仅保证了这些思想内容的可理解性，也为对这些思想内容进行逻辑分析提供了先决条件；其三，承认思想内容的客观性，意味着就确认了数学和逻辑对象的客观

性，这为分析哲学、特别是逻辑经验主义试图在科学的基础上建立哲学的理想提供了思想前提。

◆ **罗素的逻辑原子主义**

伯特兰·罗素（1872—1970年），20世纪英国最著名的数学家、逻辑学家、哲学家和社会活动家、分析哲学的主要创始人之一。1872年生于英国的一个贵族家庭，18岁进剑桥大学随怀特海学习数学，也学哲学等其他学科。1910年

罗 素

任军区大行星哲学讲师，1916年因反对第一次世界大战而被取消讲师资格。1920年到苏联和中国访问。20世纪20～40年代主要著书立说。1931年继承伯爵爵位，1944年任剑桥大学研究员，1949年获英国荣誉勋章，1950年获诺贝尔文学奖。20世纪50～60年代主要参加许多进步的政治活动，享有广泛的国际声誉。

1. 逻辑分析方法

罗素对分析哲学的最大贡献是他提出的逻辑分析方法。他认为哲学的主要任务就是对语言的逻辑分析，即以现代数理逻辑为工具，着重从形式方面分析日常语言和科学语言中的命题，以求得出准确的哲学结论。

逻辑分析方法主要是一种下定义的方法，包括"实在定义"和"语境定义"。罗素在他的逻辑分析中主要使用语境定义的方法。他运用逻辑分析的方法对逻辑中不完

全符号和限定摹状词的分析，使他提出了后来被誉为"分析哲学典范"的"摹状词理论"。

2. 逻辑原子主义

逻辑原子主义是罗素把逻辑分析方法应用于解决本体论问题而提出的，由他和他的学生维特根斯坦共同创建。他的逻辑原子主义的核心思想在于认为世界由无数事实构成的，事实是使命题或真或假的东西；最简单的事实是原子事实，而与原子事实相对应的是原子命题，与复杂事实相对应的是分子命题；原子命题的真假决定分子命题的真假；原子命题之间相互独立，既不相互推论也不相互矛盾；整个宇宙就是建立在原子事实之上的逻辑构造，而与它对应的则是一个理想的逻辑语言体系。

◆ 维特根斯坦的分析哲学

路德维希·维特根斯坦（1889—1951年），当代最著名的

奥裔英国哲学家，分析哲学的主要创始人之一。1889年生于奥地利的维也纳，父亲是奥地利的钢铁巨头，母亲是一位极富音乐天赋的虔诚的天主教徒。他14岁前在家中接受教育，随后在柏林学习机械制造，1908年去英国曼彻斯特学习航空工程，1912年到剑桥拜罗素为师，学习哲学和数理逻辑。1914年参加第一次世界大战，战后到奥地利乡村小学任教，还在维也纳附近的修道院做过短时间的园丁。1930年任剑桥的三一学院研究员，1939年接替摩尔任哲学教授。二战期间，曾在一家医院实验室任实验员。1946年起继续在剑桥授课，次年提前辞去教授职务。1848年起开始隐居和漂流生活，期间曾去美

维也纳一景

国短期访问，1951年病逝于英国牛津。

1. 图像论

维特根斯坦前期思想中最有代表性的是其关于命题与世界关系的"图像论"。他认为，任何事物都必须存在于原子事实的空间之中世界上所发生的一切就是原子事实的存在。与罗素不同，原子事实不是指简单的对象本身，而是指对象的存在方式或者说逻辑结构。它在逻辑中成为一种图像，后者描述着原子事实的存在或不存在。图像与它所描述的对象具有共同的逻辑形式。这种逻辑形式不仅是原子事实的的存在方式，而且构成了逻辑图像的本质。

2. 可说与不可说

维特根斯坦前期哲学思考的目的是要解决语言如何能够表达和描述世界的问题。就自然语言而言，它表面的语法形式掩盖了它内在的逻辑形式。整个哲学都充满了这种由于语法形式的误导而产生的混淆，而要根除这种混淆，关键就是要避免在不同的地方使用相同的符号，这就要求我们必须使用符号逻辑句法的语言。

但是，维特根斯坦并不认为建立了这样的语言就可以令人满意地描述世界和表达思想了，因为包括逻辑语言在内的一切语言都是有限度的，我们只能表达能够表达的东西。这就意味着一定存在着不可表达的东西，如构成命题本质的逻辑形式、一切传统的形而上学问题、伦理学命题和美学命题等，它们超出了语言逻辑的范围。但我们也许可以用"显示"方法等其他方式处理它们。不可说之物可以通过显示自身而为我们认识。

3. 语言游戏说

语言游戏说是维特根斯坦后期思想的核心内容。这一学说认为语言的语言在于它们在实际中的应用，而语言的运用应当像足球运动那样遵守规则。他认为对语言游戏无法定义，只能描述或显示，但不能解释或说明。语言游戏具有如下明显特征：

（1）它具有自主性，不依赖于任何外在对象，而在于使用的对错与否；

（2）它不需要用其他的目的或标准来说明，也不是推论的结果，而只是我们生活中的一部分，无需对它加以反思；

（3）它具有多样性和复杂性，不能把它们归结为某种单一的本质；

（4）它必须遵守规则，不同的规则带来了不同的游戏，也决定了不同语言的用法。

◆ 逻辑经验主义运动

逻辑经验主义又名逻辑实证主义或新实证主义，是分析哲学的主要流派之一，形成于20世纪20年代中叶的奥地利，其核心是由石里克所创立、以卡尔纳普为代表的"维也纳学派"。广义地说，逻辑经验主义运动是一种以逻辑分析为特征、以经验主义传统为基础、在欧州大陆以及北美各国广泛流传的哲学思潮。

逻辑经验主义用于判定命题意义的标准是著名的"证实原则"，即一个命题的意义就是证实它的方法。这包含了两个要点：一个句子的意义是由它的证实条件决定的；当且仅当一个句子在原则上可以被证实时，它才是有意义的。而形而上学命题之所以被判定为没有认识意义，正是由于它们得不到经验的证实。而只有经过经验证实的命题才可以被看做是有意义的。

◆ 卡尔纳普的逻辑句法和归纳逻辑

卡尔纳普（1891—1970年），逻辑经验主义的集大成者，也是20世纪30～50年代分析哲学的主要代表之一，他的思想集中代表了逻辑经验主义的基本主张。

卡尔纳普的逻辑句法是指一种关于语言形式的理论。他认为，不仅演绎逻辑的一些概念是纯粹的句法概念，可以用逻辑句法表述它们的意义，而且一切哲学上的争论都涉及到是否可以用一种精确的语言来表述的问题。也就是说，所有这些争论不过是语言内部的问题，即选择不同的语言形式问题。而究竟选择什么样的语言形式，则取决于个人的意愿。

他的归纳逻辑是一种关于逻辑概率的理论。逻辑概率是指一种假说相对于一个证据陈述来说的验证度。这种验证度并非依赖于统计概率的经验概念，而是一种作为归纳推理基础的逻辑概念，它不是基于对事实的观察，而是立足于对假说的逻辑分析。他的归纳逻辑体系为归纳逻辑后来成为数理逻辑中一门独立的分支奠定了基础。

◆ 蒯因的逻辑实证主义

蒯因（1908—2000年），当代著名的美国哲学家、逻辑学家，20世纪50～60年代美国分析哲学的主要代表，逻辑实用主义的创始人。他早年受教于怀特海、刘易斯等名师门下，后受到罗素、卡尔纳普等哲学和逻辑思想的影响。1948年起一直任哈佛大学教授，直到1979年退休。主要著作有：《逻辑方法》《从逻辑的观点看》《词与对象》《本体论的相对性》《逻辑哲学》《指称之根》《和事物》等。

他通过对逻辑实证主义的批判从根本上动摇了逻辑经验主义的基础。逻辑实证主义等现代经验论大都受到两个教条的制约：第一是相信分析真理与事实真理之间的严格区分；第二是还原论。

他认为分析真理与事实真理的区分毫无根据。首先，作为这种区分依据的"分析"概念就值得怀

哈佛大学一景

疑；其次，以意义为根据而不依赖
于事实作为分析真理的特征，并不
能真正解释分析真理的本质，因为
它无疑是错误地把意义等同于外延
从而导致混淆意义与指称的错误；
再次，通常认为的分析陈述，经过
分析表明都不是分析陈述；最后，
真理一般依赖于语言和语言之外的
事实，分析陈述和综合陈述之间的
分界实际上划不出来。

◆ 克里普克的本质主义

　　克里普克（1940年—　），当
今美国较年轻的著名哲学家和逻辑
学家，20世纪70年代后分析哲学在
美国的主要代表。曾在哈佛大学受

教于蒯因等人门下，毕业后先后在普林斯顿等美国多所大学任教。主要著作有：《同一性和必然性》《命名和必然性》《真理论概要》《说话者的指称和语义学的指称》《维特根斯坦论规则和私人语言》等。他在逻辑上的主要贡献，是提出了关于可能世界的模态逻辑语义学，并以此反对弗雷格、罗素等人的摹状词理论，提出了"历史—因果的命名论"；他还反对康德以来对先天判断和必然判断不加区别的观

哈佛大学一景

点，认为存在先天的偶然判断和后验的必然判断。他的这种观点被称作"本质主义"。

1. 命名的因果理论

克里普克的命名的因果理论认为，专名是借助于某些与这个名字有关的历史事实而去指称某个对象。不仅专名而且通名也是固定记号，因为它们在一切可能的世界里都指称相同的对象。克里普克由此把专名和通名都看做具有某种"本质属性"的事物或对象的固定记号。这里所谓的本质属性，是指事物或对象不依赖于人们对它们的属性描述的必然存在。

2. 先天性与必然性

克里普克认为，先天性和后天性属于认识概念，而必然性和偶然性则属于形而上学概念，它们属于完全不同的概念体系。先天性是关于知识的获得方式问题，指不可能按照经验的方式得到知识，因而先天命题就是指不依赖于经验材料而得到的命题，这与必然或偶然无关。必然性和偶然性概念解决的是存在问题，即形而上学的问题。先天的必然命题就是严格意义上的分析命题，后天的偶然命题则是纯粹的经验命题；先天的偶然命题是不依赖于经验而得知的关于可能世界的存在的命题（如一切科学上的假设），后天的必然命题是通过经验的验证而得知的关于世界存在的命题（如用于命名专名以及通名的命题）。

现象学

◆ **胡塞尔的哲学活动**

　　胡塞尔生于当时属奥匈帝国的摩拉维亚，是犹太血统的德国人。1876—1878年在莱比锡大学学习物理学、天文学和数学，接着去柏林继续学习，1881年在维也纳大学获数学博士学位，1884—1886年听过布伦塔诺心理学和哲学的讲座，并受其影响而决心献身哲学。1887—1901年任哈勒大学讲师，后来应邀

摩拉维亚一景

任哥廷根大学的副教授，1906年升正教授。从1916—1928年退休止一直在弗莱堡大学任教。主要著作有《算术哲学》《逻辑研究》《纯粹现象学和现象学哲学的观念》《内在的时间意识的现象学的讲演》《形式的和先验的逻辑》《欧洲科学的危机和先验现象学》等。

◆ **现象学方法**

现象学方法主要有两种：本质还原方法和先验还原方法。本质还原又名本质直觉，是胡塞尔在研究逻辑基础的过程中发展起来的一种方法，它是胡塞尔批判心理主义后产生的第一个结果。胡塞尔不像逻辑实证主义者那样认为逻辑规律是纯粹形式的约定，而主张它们是非经验的、先天的规律。本质直觉的方法的基本原则是"面向事物本身"，在此事物不是指物理事物，而是指"直接的给予"或"纯粹现象"。本质还原要求把对个别东西

的存在的信念悬置起来，但不要求把对意识的存在的信念悬置起来。本质的还原是在意识活动中进行的。

先验还原用以解决形而上学的问题，即存在之为存在的问题，有关存在本身的最一般的规定性的问题。按照胡塞尔的观点，世界（这里指意识的意向的对象总和）的本源是先验的主体，世界是由先验的主体构成的。先验的还原是指把那种有关世界是自在地、客观地存在的观点还原为世界是相对于先验的主体而存在的观点。先验的还原是一条通向先验的主观性的道路。

胡塞尔的现象学是存在主义的思想渊源之一，但另一方面胡塞尔在晚年又曾激烈地批判存在主义。胡塞尔认为实证主义导致欧洲人性危机，而存在主义由于背弃理性主义从另一方面加深了这种危机。实证主义认为理性只适用于自然界，对人生的根本问题漠不关心，是一

种狭隘的局限于自然科学的研究方面的理性主义。而存在主义却用非理性的方法来研究人生的意义。

存在主义

◆ 海德格尔的存在哲学

海德格尔（1889—1976年），生于德国巴登州，中学时受布伦塔诺关于亚里士多德论"存在"的多重意义的论著之启发而对存在问题感兴趣。1909年进弗莱堡大学学习

弗莱堡一景

神学和哲学。1911年起他放弃神学而专攻哲学，参加李凯尔特主持的研究班。1916年跟随胡塞尔从事哲学研究并参加《哲学和现象学研究年鉴》的编辑工作。

1923—1928年，海德格尔任马堡大学哲学教授。1928接替胡塞尔退休后的弗莱堡大学哲学教授。海德格尔个人生活平淡，除了从事哲学就学和研究，鲜有其他活动。1933年5月在纳粹当局确认下担任弗莱堡大学校长，10个月后被迫辞职，1951年后，海德格尔被允许重新在大学讲课，50年代后期完全退休，长期隐居，1976年逝于弗莱堡。主要著作有：《论根据的本质》《存在与时间》《什么是形而上学》《荷尔德林和诗的本质》《论真理的本质》《论人道主义》《林中路》《形而上学导论》《通向语言之路》《诗、语言、思》等等。

1. 此在及其存在的基本结构

海德格尔肯定，任何一个存在者均有其存在。只有人这种特殊的存在者才能在其存在过程中提出和追问存在问题，揭示存在者的存在的意义。人这种特殊的存在者被他称为此在，即先于主客心物之分的、没有规定性的原始状态下的人的存在。此在与其他一切存在者相比具有明显的优先地位。它不是现成已有的、实体性意义的存在，而只是一种显现、一种可能性。

2. 此在的基本存在结构——在世

此在的存在，即生存的原始的基本结构是"在世界之中存在"。此在与其世界不可分割，二者同时出现，同时在此。此在的在世意味着它与其世界处于一种浑然一体的关系之中。此在的这种在世结构是此在与其他存在者处于某种空间关系之中的先决条件。哲学所谈论的世界只能是与此在浑然一体并为其所领悟和揭示的世界，是作为此在的存在状态的世界，是此在存在的敞开状态。

3. 在世的存在状态——烦

此在的基本此在结构是在世，而在世的存在状态是烦。此在有不同的表现形式或环节，它们构成一个统一的结构整体，这个结构整体即是烦。此在彻头彻尾地被烦所支配。烦分为烦忙和烦神。烦忙指与他物发生关系的存在状态。在烦忙中此在是与其使用的用具发生关系，而不是直接与物发生关系。用具最根本的存在方式是它的"上手性"。烦神指此在与他人发生关系的存在状态。此在使用用具不仅要与用具等物打交道，也要与相关的他人打交道。此在总是与他人一道在世，即共在。而在世的世界不只是孤立的个人的世界，而是与他人共同的世界。

4. 此在的时间性

海德格尔哲学中，时间是一个与存在同样重要的概念。此在的存在，即生存的意义就在于其时间性。由于此在的存在不是指具体的、确定的人的存在，而是人的存在的显现或者说其敞开状态，后者意味着人在不断地超越。此在的存在、生存也就是其超越，存在的问题就是超越问题。作为存在的敞开状态的超越性实际上指的就是其时间性，或者说时间性正是此在的超越性的体现。

5. 超越此在

在1947年出版的《论人道主义》中，关于超出此在的界限的存在的真理问题已成了其哲学的核心问题。为了揭示存在的意义，海德格尔所强调的已不再是分析个人的烦、畏等情绪，而是分析作为对存在的直接显现和澄明的本源性和存在性的"思"及与之相关的本源性和存在性的语言。这样，关于存在的真理问题、思和语言的本来意义及它们与诗的关系的问题就成了其后期哲学的主要问题。

6. 哲学的终结和思想的复兴

海德格尔认为，传统哲学的主要错误就是在存在者状态下看待思想和语言，不把它们当做存在的直接呈现，而当做知识，或者说对它们作了技术性和工具性的解释。这样一来，哲学便把真正的思废弃了。这样的哲学从古希腊发展到欧洲近现代已到了尽头。现代西方哲学的危机实际上意味着亚里士多德以来传统哲学的终结。但其终结只意味着它们在研究存在性和本源性问题上的失败，而并不意味着这些问题本身的终结。它们所不能完成的研究可以而且应当由具有存在性和本源性特征的"思"（思想）及作为其显现的存在性和本源性的语言来承担。"思"的时代到来了。而后者的根本特点是超越主客二分、超越对知识和确定性的追求，而去直接谛听存在的声音，去澄明、显示存在本身的意义。

◆ 雅斯贝尔斯的生存哲学

1. 哲学和科学的关系

雅斯贝尔斯既不同意传统哲学把某种哲学原则当做普遍有效的原则，建立具有普遍意义的哲学体系的作法，又不赞成当代科学哲学家

雅斯贝尔斯

按照科学模式来建立科学哲学的企图。他要求对哲学的意义、价值和来源等问题重新加以考察，确立新的哲学观念，特别是重新确立哲学与科学的关系。

2. 存在和大全

雅斯贝尔斯认为，哲学本质上是寻求存在的形而上学。以往哲学家从主客二者出发把存在当做对象，故都找不到正确答案。真实的存在是居于主客二者之上的东西，即大全。它不是对象，不能用说明对象的理智的形式来表达，具有神秘色彩。但为了达到大全，仍需借助对象，从而也仍需借助经验、思维、逻辑范畴。他要求在对象思维中去超越这个思维。大全有两种主要形式，即围绕着我们的存在本身和我们所是的存在。作为存在本身的大全又表现为世界和超越存在两种形态。

3. 生存和超越

生存不能下定义，其最大特点是其非对象性。生存不是有规定性的。现成已有的东西生存的本质在于它对某种另外的东西的意向性，即趋向超越存在，趋向在交往中与之发生关系的前提自我，趋向自己本身的存在。生存朝向上帝——超越存在。只有超越存在即上帝才是绝对的现实性，它是一切的源泉。他的存在主义因此被称为有神论的存在主义。但他不把上帝当做处于彼岸世界的、人格化的、从虚无中创世的造物主，而当做世界与人的存在的统一性。他把追求具有整体、一般意义的圆满、统一、绝对当做其哲学目标。他企图通过在不同层次之间建立非逻辑、非事实的跳越的生存联系而把它们统一起来。

◆ 萨特的存在主义

萨特（1905—1980年），法国著名作家、社会活动家、存在主义的最大代表。他出生于巴黎一个知识分子家庭，童年丧父。中学时受叔本华、尼采、柏格森等人的著作的影响开始对哲学感兴趣。1924—1928年在柏林高等师范学校读哲学。1933—1934年到柏林法兰西学院研究胡塞尔哲学。1939年应征入伍，1940年被德军所俘。1941年获释后仍回巴黎教中学，继续从事哲学研究。从1944年起辞去教职，专事著述。他不赞成苏联模式的社会主义，也不赞成资本主义。1945年他拒绝接受法国政府所授予的荣誉团勋章，1964年又以"谢绝一切来自官方的荣誉"为理由而拒受诺贝尔文学奖。晚年他仍积极参加社会政治运动，是1968年法国五月风暴的积极支持者。他善于用戏剧、小说等文艺形式通俗地表达晦涩艰深的存在主义哲学内容。主要著作有：《自我的超越》《胡塞尔现象学的一个基本思想：意向性》《影像论》《存在与虚无》《存在主义

柏林法兰西学院夜景

是一种人道主义》《唯物主义与革命》《共产党人与和平》《辩证理性批判》等。

1. 现象的一元论

萨特前期著作《存在与虚无》的主要目标是用现象学本体论（现象的一元论）来取代传统哲学的主客二元论。现象的一元论是用胡塞尔的现象学方法建立起来的超越主客对立的理论。他接受了胡塞尔关于意向性的基本观点，但有区别：一是他企图从纯粹意识现象出发进

萨　特

一步揭示存在的意义，建立现象学本体论；二是他摒弃了胡塞尔的先验自我。

萨特同胡塞尔一样将现象当做存在、本质的直接显现。但他并不认为现象的存在揭示一切存在。现象作为存在的直接显现的系列（现象的存在）只能是有限的，而存在本身可以显现的系列（存在的现象）在原则上却是无限的。现象的存在和存在的现象的区分意味着存在本身除了现象的存在之外还有未显现的即超现象的"东西"存在。它们构成现象的条件主要有两个方面：一是意识，也就是使存在得以显现的东西；一是存在本身，即意识所显现的东西。

2. 自在和自为、存在和虚无

萨特认为，自在的存在不依赖于意识，而是独立自在的。自在的存在属于存在的现象，而意识所及外部世界的存在则是现象的存在。现象的存在的意义就在于意识怎样显现它或者说与意识处于什么联系

之中。作为人的认识和科学研究对象的世界正是这样的世界。

意识是自为的存在。它的特性正好与自在的存在相反。它不是存在，而是对存在的否定，即非存在、虚无；它不是自在的，而必然超越自身；它不是其所是，而是其所不是。它作为存在的缺乏却趋向存在。它永远不是什么，但又趋向于成为什么。这种趋向性的结构是一种虚无化或者说否定运动。

3. 个人与他人

萨特认为人与人之间的关系是一种"主奴关系"，即每个人都力图维持自己的主体性，把他人当做随自己的意向转移的对象（奴隶）。个人之间的关系必然是一种对立和冲突的关系，不管个人对他人抱什么态度。如果我主张谦让、忍耐，这无异于让他人放弃自信和斗争；如果我热情帮助他人，那就会妨碍他人自立。因此，尊重别人无非是一句空话，即使我打算尊重别人的自由，我对别人所采取的态度仍将是对别人的侵犯。他人就是地狱。彼此都是刽子手。在《存在主义是一种人道主义》中他又提出个人自由与他人自由相互依赖。50年代以后，萨特更多地强调个人在现实生活中的自由必然受到历史情境的制约。

哲学人类学和人类文化学

◆ 舍勒和哲学人类学的创立

舍勒（1874—1928年），20世纪初德国著名的哲学家，与胡塞尔齐名的现象学者，价值伦理学的奠基人，哲学人类学的开创者。绝大多数哲学人类学的代表都把舍勒当做理论先驱，而把自己看做舍勒事业的继承者。主要著作有：《先验的方法和心理的方法》《同情的形式和本质》《伦理学中的形式主义和实质价值伦理学》《论人的永恒性》《知识的诸形式与社会》《人在宇宙中的地位》等。

舍勒一生思想变化经历了三个阶段。第一阶段为1897—1913年，这时他受李普曼和奥伊肯的影响，逻辑和伦理的关系问题是他研究的主题；第二阶段为1913—1922年，他把现象学推广到伦理和宗教领域，形成了以应用现象学为特征的价值伦理学和宗教现象学；第三阶段为1922—1928年，他逐渐放弃了现象学，强调经验科学与形而上学的结合，建立了以生命冲动和精神本质为基础的哲学人类学。

哲学人类学的基本主题是人及其在宇宙中的地位。首先，他认为哲学人类学是以人为中心，从人的各个方面和层次展开对完整的人的研究。其次，它探讨的上述问题是最终的哲学课题，它所完成的是哲学所需要完成的最终任务，它所建立的是全部哲学的基础。换言之，哲学人类学不是一般的哲学而是元哲学。再次，它不仅是元哲学，而且也是元科学，一种关于人的基础科学。

◆ 生物哲学人类学

生物哲学人类学把生物学领域对人的研究作为出发点，把人的未特定化和非确定性作为人的根本特征，以此来解释完整的人的意义及其创造性活动，并以生物性为基础来确定人在世界中的地位。主要代表人物为德国生物学家、社会心理学家阿尔诺德·格伦。

生物哲学人类学试图克服舍勒的精神和生命的二元论人类学，在人的生物学领域中以人的未特定化和未确定性作为人与动物相区别的标志，同时也是人的活动性以及向世界开发性的条件，由此出发人从事精神文化活动。这样，人的完整性已在生物领域确立了。但由于格伦过分强调了生物性对文化性的作用，使得他对人类文化生活的解释显得牵强附会。他忽视了人类文化生活的独特规律，他所描绘的人仅仅是生物人。

◆ 心理哲学人类学

它以心理学为基础，把某个具有普遍意义的心理特征（如笑和哭，爱和恨，高兴和沮丧等）还原为人的本质结构，并赋予它超越人的内在性和向外开放的特征，由此出发来解释与人相关的生物和文化领域，从而达到对人自身存在或完整的人的理解。主要代表人物有宾斯万格和普列斯纳。

普列斯纳是德国心理学家、现象学者和哲学人类学者，他对哲学人类学的主要贡献在于：一是把舍勒的经验方法和形而上学方法的结合具体化为现象学的方法和释义学的方法；二是运用这一方法开创了

心理哲学人类学。他采纳了狄尔泰的见解，即人的生命必须在精神科学领域中获得释义。因为人在自己所编织的以语言和文化为中心的网络中过着超出动物的生活。

◆ 文化人类学

它是现代哲学人类学发展中的一种主要思潮。它吸收了生物哲学人类学的积极成果，把人置于更为广阔的文化、社会、历史和传统中加以思考，从人的活动性和创造性出发，来解释人对文化的超越性以及文化对人的制约性。主要代表人物有罗特哈特和兰德曼，前者是德国哲学家，后者是德国文化人类学者。

兰德曼认为，只有从精神文化领域出发，把肉体与精神，甚至把整个文化世界都视为人的存在，才能建立完整的人的形象。作为人的存在结构的创造性有两层含义。第一，人能通过创造性确定自己的存

在方式，实现自我完善。第二，人能通过创造性产生丰富的个体存在样式，个人能高于或低于自己种的生活样式。动物的生活仅仅是在歌唱种内已谱成的歌曲。

在文化哲学人类学中，创造性与自由是等价的，没有自由也就没有创造性，而缺乏创造性的人也没有自由可谈。创造性既是人能决定自己，而能决定自己就意味着是自由的。人在双重意义上是自由的，即摆脱本能限制的自由和产生决定自我的自由。因此创造性的实质是指人有天赋的自由。兰德曼认为与人的创造能力并驾齐驱的还有人的保存文化的能力。

结构主义与后结构主义

自20世纪50～60年代以来，法国哲学中曾经出现过两次重要的变更。第一次是以列维—斯特劳斯等人的结构主义向以萨特为代表的存在主义提出挑战。第二次则是结构主义内部自身的衍化。德里达、福柯等哲学家们要求消解结构主义的固定和僵化的概念结构和理论框架。

◆ 结构主义的语言学模式

索绪尔（1857—1913年），瑞士著名的语言学家。他认为语言是一个体系，也就是一种先验结构。语音和意义之间的关系构成一个网络，成为一个语言的体系（符号体系），这就是语言的结构。一切符号都可以分为能指者与所指者。索绪尔把同时性的语言研究（作为社会现象的语言）与历时性语言研究（作为个人现象的语言）区别开来，强调同时性研究的重要性。同时性语言研究就是从一个时期的语言的横断面来研究这个语言，而历时性语言研究则是从一种语言的历史发展过程来看这个语言。

在索绪尔之后，美国语言学家乔姆斯基（1928—　）的语言学观点也对结构主义的形成与发展产生了重要影响。他强调语言学研究的是语言能力而不是语言现象。他把语言分为深层结构与表层结构，并通过提出短句结构规则和推导模式说明了他的结构与转换的方法。他认为人有一种先天的语言生成能力（他认为这是大脑的作用），正是由于这种能力，所以小孩在听到少数句子之后，就可以说出他没有听到过的句子。因此，语言生成中决

瑞士一景

定性的是生成能力，而不是经过经验而形成的语言。

◆ 列维—斯特劳斯的结构主义社会理论

把结构主义语言学方法运用于社会现象的研究是从法国社会学家列维·斯特劳斯（1908—2009年）开始的。他早年攻读法律、哲学和心理学。主要著作有：《亲族关系的基本结构》《热带闲愁》《结构人类学》《野性的思维》《神话学》。

他的结构主义哲学观点主要表现在他对人类学中的亲属关系和神话等的研究中。他对它们进行结构分析，从复杂和混乱的现象中发现秩序即固定的模式、结构。从哲学视角上说，列维—斯特劳斯的核心思想就是用结构、模式的观点来反对和取代强调主体作用的传统哲学，特别是萨特的主体性形而上学。因为按照他的看法，无论是亲属关系或神话，其存在及其特性都取决于先验的存在于人的心灵中的无意识结构，或者说是这种无意识结构的体现，它们超越作为主体的个人的认识活动，而主体本身被看做是构成模式、结构的复杂关系网络中的一个关系项。由此他认为，人文科学的最终目的不是去构成人，而是去分解人。他声称构建了一种反主体性形而上学和人类中心论的"新人道主义"。

◆ 拉康的结构主义精神分析学说

雅克·拉康（1901—1981年），生于巴黎，并在那里学习医学和精神病学，从事这方面的教学和医疗活动。他把结构主义语言学与精神分析学说结合起来，也把精神分析的医疗与哲学研究结合起来，由此对弗洛伊德的学说作了新的解释。

他的主要论点是"无意识的话

语具有一种语言结构"和"无意识是他者的话语"。拉康的"镜像阶段"是对弗洛伊德的里必多学说的新解释。他在"俄狄浦斯情结"之外提出了"镜像阶段"。该阶段是婴儿对外界事物的一种识别活动，揭示出了里必多的精神活动。从这个时候开始，婴儿总是对外界保持一种疑问状态，通过想象和对幻想的事物的反省，形成他对世界的了解。在这个认识过程中，婴儿通过想象与外界建立了一种双元对立关系，这也是一种对话，一种语言的结构，这就把结构主义语言学的理

"俄狄浦斯情结"

论运用于研究婴儿最初的无意识的认识活动中了。

他还把这种双元对立关系运用于说明人的个性的形成。人的个性分为想象、象征和现实三个层次。想象通过镜像阶段把有意识地、无意识地所知觉的和想象到的东西记录下来，形成世界的图像。

拉康的精神分析观点还强调语言在进行精神分析治疗中的作用。他提出了本能的语言与欲望的语言的理论。在治疗中，从患者讲的东西推测他被压抑的东西，把他所没有讲出来的东西补充起来，构造出他的本能话语的全部，也就是"按照症状来阅读"。拉康的这种观点强调精神病患者所压抑的本能具有语言性质，而且通过语言就可以启发患者把他压抑的东西发泄出来，这就把精神分析与结构主义理论结合起来，把结构主义运用于无意识的研究，发展了结构主义理论。

◆ 德里达的解构主义

德里达（1930—2004年），著名的后结构主义哲学家。他提出了著名的解构战略，并且以此为指导对西方文化中的许多经典文本进行了解构性的读解，在欧美学术界产生了广泛的影响。主要著作有：《文字与差异》《论文字家》《声音与现象》《哲学的边缘》《撒播》《立场》《海德格尔和问题》《从法律到哲学》《论友谊的政治》等。在德里达看来，"解构"就是消除和分解结构。这里的"结构"实质上是指西方文化之"根"，即"逻各斯中心主义"。德里达对逻各斯中心主义的解构主要是通过批判索绪尔语言学结构主义来进行的。

他认为索绪尔囿于逻各斯中心主义的束缚，坚持将差异局限在语言系统之内，认为在能指与所指之间存在着对应的纵向关系，能指被认为是反映或控制了意义，也即"再现"了所指。德里达力图打破这一纵向关系，用能指与所指之间的横向关系。他认为语言实质上是一种自我参照的系统，酷似一种漫无头绪的游戏，各种因素在其中互相作用、变化，所有的因素都互为"踪迹"。德里达进一步否定在场和中心，认为在场和非在事实上都不是独立自主的，每一方都在唤起、暗示、激发、需要另一方，在场和非在是相互延异、相互替补和互为踪迹的。

◆ **福柯的后结构主义**

福柯（1926—1984年），反对启蒙运动将理性、解放和进步等同起来，认为现代性实质上是一种控制和统治的形式，主体和知识等等都是被它构造出来的产物。他从各个方面对这种控制形式作了深入研究，包括病理学、医学、监狱和性学等等。主要著作有：《癫狂和非理性：古代时代的癫狂史》《诊所的诞生》《词于物》《知识考古学》《规训与惩罚》《性经验史》等。

1. 对现代性的批评

福柯把现代性分为两个时期：古典时期（1660—1800年）和现代时期（1800—1950年）。在古典时期，一种强有力的控制人类的方式开始形成，并在现代时期达到高峰。福柯认为现代理性是一种强制力量，他集中关注个人在社会制度、话语和实践中被控制和被塑造成社会主体。在古典时期，人的理性从神学束缚下被解放，它试图在一片混乱和狼藉中重建社会秩序。

在其思想早期，他把自己的立场定义为"知识考古学"。这一考古学方法既不同于解释学方法，也与结构主义划清了界限。福柯认为那些组装我们话语理性的各种规则并不是普遍和不变的，它们都将随历史的变迁而变化，并且只对特定时期的话语实践有效。这些规则只是知识、知觉和真理的历史的先验条件。它们构成文化的基本信码，即知识型，决定了特定历史时期里各种经验秩序和社会实践。

2. 权力—知识—主体

20世纪从70年代起，福柯开始在非总体化、非表现性和反人本主义的框架下重新思考现代权力的本质及其运作方式。提出了一套后现代的微观权力论。他反对两种现代宏观权力论：马克思的经济主义模式和现代法律模式。前者主张经济决定论，后者则在法权、道德权力和政治主权的意义上解释权力，它是专属于法人主体的。福柯认为："权力"是一个尚未规定的、推论的、非主体化的生产性过程，它把人体不断地构成和塑造为符合一定社会规范的主体。从本质上来说，它不是压迫性的力量，而是生产性的力量。

法兰克福学派

法兰克福学派继承马克思主义哲学的批判精神，广泛吸取许多著名的现代西方哲学家的思想观点并秉承浪漫主义传统，其社会批判理论以拯救人类、使人类摆脱当下受剥削和受奴役的"异化"状态为宗旨，成为国际舞台上一个非常活跃并产生了广泛国际影响的哲学流派。

◆ 霍克海默的社会批判理论

霍克海默（1895—1971年），

法兰克福学派的创始人和社会批判理论的奠基者。他生于德国的一个富有的犹太工厂主家庭。主要著作有《传统理论与批判理论》《极权国家》《启蒙的辩证法》《理性之蚀》《工具理性批判》等。

霍克海默在《传统理论与批判理论》一文中第一次使用"批判理论"这一概念来表述自己的哲学世界观，并为之制订了详尽的纲领。之所以称之为"批判理论"，首先是因为他表明了自己对马克思主义的继承性。在他看来，马克思主义的本质特征是"批判"。其次是为了表明他的理论体系对现存资本主义社会的批判性，努力使其成为一个更加正义、人道的社会。霍克海默所说的"传统理论"指的主要是近代哲学，特别是近代哲学中具有实证主义倾向的那些哲学流派。该文被认为是社会批判理论的宣言，它清楚、全面、系统地说明了什么是社会批判理论，确定了其对象、性质、特征、方法和批判主体，而这一切又是通过堪定"批判理论"与"传统理论"的界限来完成的。

1. 实证主义批判

法兰克福学派一直把实证主义作为哲学上的主要批判对象，而霍克海默是这一批判的理论先驱。他认为只有彻底否定以唯科学主义与肯定主义为核心的实证主义，才能建立以人本主义和否定主义为核心的批判的社会理论，颠覆传统理论的长期统治。他主要批判了实证主义的经验主义倾向、现象主义倾向、科学主义倾向、肯定主义倾向和反人道主义倾向。他对实证主义的批判归结到一点，就是批判其反人道主义。在他看来，给人以规范性指导的理论并不是基于人的经验事实，而是依赖于对人的主体性价值的充分信念，实证主义的要害就是忽视人的主体性。他反复强调，经验事实不是纯粹被给予的，他实际上与人的活动紧密地联系在一起，是人的全部感性活动的产物。

2. 工具理性的批判

霍克海默将理性区分为"客观理性"和"主观理性"。前者以人的解放和自由为最高目标，对现实采取一种批判的、超越的态度，是"批判理性""解放理性"。后者以程序化的方式来测量目的，目的对它来说仅仅具有主观上的意义，直接地服务于现存的秩序，它突出手段并强调手段与目的有可能调和，它又称为"工具理性""技术理性"。它把世界理解为工具。它关心的是实用的目的。数达到原则、技术合理化和文化工业是在"工具理性"的形成中起重要作用的三大因素。"工具理性"对人造成的最大危害就是使其思维程式化。人变得越来越像机器，这意味着人丧失自我，而自我的丧失也就等于自由的丧失。理性的工具化会导致政治上的极权主义。

◆ 哈贝马斯的社会批判理论

哈贝马斯（1929—　　），当代最有影响的思想家之一。作为法兰克福学派的第二代的主要代表人物，他越来越不在马克思主义的旗帜下进行理论活动，他认为对马克思主义不是恢复和改造，而是重建。主要著作有：《公众社会结构的变化》《理论和实践》《论社会科学的逻辑》《认识与人的兴趣》《作为意识形态的技术和科学》《文化与批判》《合法性危机》《重建历史唯物主义》《交往行为理论》等。

1. 认知兴趣结构理论

哈贝马斯早期致力于对先验哲学的批判和改造，提出了认知兴趣结构理论，企图以指导认识的兴趣作为认识的基础来重建认识论。

法兰克福一景

兴趣指的是求得满足的乐趣，这种乐趣和某个对象的存在或某个行为的存在之观念相关联。兴趣分为经验的兴趣和理性的兴趣（纯粹的兴趣）。他认为，作为认识基础的是理性的兴趣，因为它同时又是实践的兴趣。他认为实证主义、科学主义最根本的弊病是把兴趣与爱好视为主观因素，将其驱逐出认识的宫廷。理性的兴趣和认识是高度统一的。兴趣对认识具有基础的作用以及指导作用。

2．批判的解释学

哈贝马斯的批判的解释学旨在为其社会批判理论奠定方法论基础。他认为应把解释学的方法作为社会科学研究的基本方法。他对以伽达默尔为代表的解释学传统提出了一系列的批判，认为其具有相对主义倾向和唯心主义基础，把传统凝固化了，把解释学的语言性在本体论上绝对化了等，哈贝马斯主张限制解释学的普遍性，反对源于海德格尔的将解释学本体论化，反对伽达默尔把意识形态批判隶属于解释学。他在批判的过程中形成了自己的"批判的解释学"。

哈贝马斯强调哲学解释学的批判性质。认为其功能主要是摧毁传统社会科学自以为是的客观性，以及可以把有成果的科学信息转变为社会生活世界的语言。他提出其任务就是要阐明解释学的反思所以可能的条件。具体说就是对语言的反思，对意识形态的批判，为实现交往行为合理化服务。他赞同海德格尔的"前理解"观点，承认主观性本身要受制于决定它的前理解，但他所说的前理解并不是海德格尔那里的先验的自在物，而是受文化意识形态变迁影响着的思维状态。

3. 科学技术社会功能理论

在一定意义上说，哈贝马斯对科学技术社会功能的分析，是其整个社会批判理论的核心。哈贝马斯是西方世界第一个明确提出在当代社会中"科学技术已成了第一生产力"的思想家。其目的是揭露科学技术所产生的消极的社会政治效应，对之展开批判。之所以产生消极效应，主要在于它履行意识形态功能。在现代社会，随着科学技术成了第一生产力并执行意识形态职能，人的劳动完全符合科学技术的要求，技术的合理性变成了对人的统治的合理性。与此同时，交往行为被吸收到工具行为的功能范围中来，导致正常的交往变得不合理，受到控制。

当代西方科学哲学

当代西方科学哲学主要是指以科学为研究对象的哲学。一般来说，波普尔之前的诸科学哲学被称作逻辑主义，其后的则被称为历史主义。实证主义是哲学史上头一个打起"科学哲学"旗号的哲学流派。继波普尔之后兴起的历史主义学派和科学实在论，由于着重历史考察的方法，着重于科学本身的探究，注重把哲学建立在科学知识和科学方法的基础之上，因此归属于科学哲学。这种科学哲学主要探讨科学理论的真理性标准或选择问题，以及科学发展的模式问题，试图解释科学活动并为其提供方法论指导。

◆ 波普尔的朴素否证论

波普尔（1902—1994年），出生于维也纳的一个犹太人家庭。曾任伦敦大学的逻辑和科学哲学教授。他的批判理性主义哲学继逻辑经验主义衰落之后，开创了一个新的历史主义科学哲学流派。主要著作有：《研究的逻辑》《科学发现的理解》《开放社会及其敌人》《猜测与反驳》《客观知识》等。

1. 对归纳主义的批判

古典经验论把归纳法视为从有限的经验事实向普遍的理性知识扩展的唯一有效的通道。休谟提出著名的"归纳问题"后，这唯一的通道被打断，经验科学的基础出现了

伦敦大学

可怕的裂痕。现代经验论借助于概率工具从归纳问题的挫败中复兴。波普尔则认为从逻辑上看归纳推理是不合理的，具体表现在：（1）全称命题不能从单称命题的堆积中推出；（2）通过归纳作出的结论总是可错的；（3）作为归纳推理基础的归纳原理无法得到证明，否则必定陷入循环论或先验论。他对归纳逻辑的批判确实是击中了要害，但是归纳逻辑并没有被波普尔一劳永逸地驳倒，它在科学中仍然占有地位。

2. 否证论

波普尔是以否证论为旗帜登上哲学舞台的。其中心思想是：一个理论的科学性标准就在于其可否证性。不能为任何想象的事件所否证的理论是非科学的。可否证性概念是波普尔否证论的核心概念。首先，它被用来解决科学划界问题；其次，它用于解决归纳问题。可否证性主要是指否证在逻辑上的可能性。说一个理论具有可否证性，意思就是：对于从这个理论推导出来的陈述，在逻辑上总可以找到与之发生冲突的某种事件。

3．科学发展的模式

波普尔认为科学知识的增长一般经历如下四个程序：科学开始于问题；科学家针对问题提出各种大胆的猜测和假设；各种猜测或理论之间进行激烈的竞争和批判，并接受观察和实验的检验，筛选出逼真度较高的新理论；新理论被科学技术的进一步发展所否证，又出现新的问题。该认识图式还表示认识的逻辑和科学研究的逻辑。

4．"三个世界"的理论

"世界1"为物理世界，"世界2"为精神世界，"世界3"为指人类精神活动的产物。三个世界都是实在的，它们之间直接或间接地发生作用。他特别关心"世界3"，一方面它是人类智力活动的产物，另一方面它同时又是超人类的。它的实在性包含着两重含义，一是它们在"世界1"中的物质化；二是它们自身的自主性和独立性。"世界3"通过"世界2"对"世界1"产生巨大作用。波普尔说，科学揭示的宇宙图景是："世界1"最先存在，然后出现精神世界，"世界3"则出现在更高层次上。

在社会政治领域，波普尔还提出了改良主义的社会政治哲学，反对历史决定论。他提倡逐步的社会工程，即对社会进行逐步的、切实可行的改造。

◆ **历史主义学派的兴起**

库恩（1922—1997年），1922年7月18日生于辛辛那提。就读于哈佛大学，1949年获哲学博士学位。

智慧的思想——哲学

1952年开始讲授科学史，先后任教于普林斯顿大学和马萨诸塞理工学院。他是西方科学哲学中历史–社会学派最主要的代表，提出了一种新颖的科学观，即把科学看作一定的科学共同体按照一套共有的"范式"所进行的专业活动，并描绘了一种常规时期和革命时期相互交替的科学发展模式。他系统论述了科学作为一种人的社会活动及其历史发展过程这个侧面，把科学从认识论范畴扩大到社会历史范畴，从而补充了科学哲学中传统逻辑主义的不足。20世纪80年代以后，他注重科学语言的研究，力图摆脱其割裂科学的历史与逻辑所造成的困境。著有《科学革命的结构》等。继波普尔之后，库恩着眼于科学的历史

辛辛那提夜景

和现状，在科学中引进了科学以外的因素，如社会、科学家的心理、科学家集团的要求和心理状态等因素。库恩哲学的确立标志着西方科学哲学中"历史主义学派"的兴起。

1．"范式"理论

范式理论是库恩哲学的核心，也是区别于其他哲学的本质内容。"范式"就是指某一科学家集团围绕某一学科或专业所具有的共同信念。这种共同信念规定他们有共同的基本理论、观点和方法，为他们提供了共同的理论模型和解决问题的框架，从而形成一种共同的科学传统，规定共同的发展方向，限制共同的研究范围。范式一般具有相对稳定的特点，只有出现更好的范式替代它，并为科学共同体所接受时，才会出现新旧范式替换的局面。科学革命的实质就是范式的转化和更替。库恩的范式理论归根到

底是现代科学中的整体性观点和方法在哲学上的反映。

2．发展的动态结构

库恩认为科学发展是共同体活动的结果，它表现为范式的不断完善和更迭。科学的发生和发展一般要经历前科学时期。常规科学时期、科学危机时期、科学革命时期四个阶段。整个科学史就是遵循从前科学时期—常规科学时期—反常和危机时期—科学革命时期—新的常规科学时期的周期运动规律，而向前推进和发展的。库恩提出，应该把精确性、一致性、广泛性、简单性和有效性五个基本特征作为选择一种理论或范式的价值标准。

◆ 费耶阿本德的多元方法论和相对主义

将历史主义学派推行极端的是美国哲学家费耶阿本德（1924—

1994年）。他生于奥地利的维也纳，1951年获哲学博士学位。曾任美国伯克利大学、瑞士苏黎世工业大学教授。主要著作有《反对方法》《自由社会中的科学》《与理性告别》等。

1. 多元方法论：怎么都行

奥地利一景

费耶阿本德在方法论上的原则是"怎么都行"。其他方法都是围绕这一方法论原则展开的。

（1）选择法。他的"增多原则"认为传统方法论的"一致性原则"由于强调一致，消除了许多可供选择的事实，排除了许多有价值的试验，大大减少了理论的经验内容，因而实质上也是减少了证明理论的事实总量，而选择并不减少理论和事实的总量，选择主要是通过选择对象的对比和比较。

（2）历史回复法。许多最优

秀的科学理论、观点都并非现代所生，而是早就以含糊的形式包含在古老的观念中。通过回复倒退的方式，从古老的观念中焕发青春，这是取得科学进步的唯一方式。

（3）非理性方法。与各种说明科学发展的"理性规律"相比，松散、混沌、机会主义在科学发现中具有更重要的作用。科学和神话、宗教、形而上学等非科学形态常常是相互渗透的。总之，他的"怎么都行"原则，认为只要能开发人的创造力、能形成一种学术民主的气氛，能促使理论不断增生，并在增生过程中允许人们自由抉择，而不是强行人们接受某一种理论和规则，那么什么样的方式、方法、途径都可以使用。

2. "与理性告别"

他认为传统理性概念存在教条主义等弊病，它要求人们在接受一种观点时本能再接受与之对立的观点，并坚持确定不移的程序或规则，否则就被视为非理性。理性缺少多样化，也就缺少自由。而真正能破坏理性、迫使理性告别的哲学只能是相对主义，只有它才能公平、宽容地对待各种传统、理论和文化。科学也要被作为诸多传统中的一种来看待，而不要作为判断是非曲直和可接受性的标准。他的目的并不是取消一切理性，只是想摧毁令人生厌的经验论和教条主义，敦促人们创立生动活泼的思维形式和方法论原则。然而，由于他对理性的批判依然是单纯的否定，结果还是没能塑造出一个完美的理性形象，而是把相对主义推到极端。

当代西方哲学的发展趋势与后现代主义

20世纪60年代以来，后现代主义成了最引人注目的哲学思潮。"后现代主义"是一个相当模糊的概念。它本来是指一种抛弃普遍性、背离和批判现代主义的设计风格为特征的建筑学倾向，后来被移用于指称文学、艺术、美学、哲学、社会学、甚至自然科学等诸多领域中具有类似倾向的思潮。后结构主义被认为是后现代主义的哲学的典型形式。以伽达默尔为代表的哲学释义学被认为是后现代主义倾向的一种形式。在美国，蒯因、罗蒂等从分析哲学中分化出来的新实用主义哲学也被认为是后现代主义的主要形态。一般说来，当代后现代主义哲学大多是指60年代以来在西方出现的具有反西方近现代体系哲学倾向的思潮。

◆ 利奥塔对"后现代状况"的描述

利奥塔（1924—1998年），法国哲学家，1971年获巴黎大学哲学博士学位。从70年代起，他以从事所谓后现代文化研究而著称。主要著作有：《现象学》《后现代状况》《公正》《多元共生的词语》《解释后现代》等。其中，《后现代状况》被认为是当代后现代主义思潮中最有代表性的论著之一。

1. 知识、科学和故事

与传统哲学家不同，利奥塔不

巴黎大学夜景

仅没有提出系统的哲学体系，甚至也很少作传统意义上的哲学论证。他的后现代主义哲学观点主要是通过对他所谓"后现代状况"、特别是后现代知识状况的描述体现出来。反对现代西方社会中广为流行的、把知识科学化的工具理性的知识观。在他看来，表达传统知识的最适当的形式不是科学而是叙事，后者指话语的传递。叙事具有始原性的意义。利奥塔把叙事分为小叙事（原始叙事）和大叙事（元叙事）。后者具有普遍性、权威性、甚至绝对性等特征。它们的合法性是自然形成的，是习惯的产物。由于西方进入了后现代社会，以往被奉为神圣的元叙事（特别是以普遍理性为基础的政治和哲学叙事）以

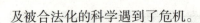
及被合法化的科学遇到了危机。

2. "重写现代性"

在利奥塔看来，人们几乎不可能抓住现在，因为现存的在不断地离去。人们在抓住它时要么太早，要么太晚。所以，在现代性与所谓后现代性之间并无明确的界限。而"重写现代性"是要对现代重新加以审视，在现代性中找出那些隐藏起来的事实，通过不断"重写"而把现代性的本来面目揭示出来。"重写"或如弗洛伊德关于精神病治疗中的"彻底体验"，或如康德的审美想象力的自由活动。后现代不是一个新的时代，而是对现代性自称拥有的一种特征的重写。他还认为资本主义是现代性的名称之一，他的重写现代性在一定意义上也是"重写"资本主义。

◆ 罗蒂的新实用主义与后现代文化

罗蒂（1931—2007年），当代美国最有影响的哲学家之一。1956年在耶鲁大学取得哲学博士学位。主要著作有《哲学与自然之镜》《实用主义的后果》《偶然性、讽刺和亲和性》等。他试图将实用主义与分析哲学和近几十年来兴起的欧陆哲学融合在一起，被认为是新实用主义的主要代表。

1. 对基础主义的批判

罗蒂把对西方传统哲学的批判当做其哲学立论的出发点，其批判主要是针对作为传统理论支柱的基础主义。他认为基础主义大致包括三个基本前提：任何文化都有一个理论基础；这个基础由一系列特许表象即处于优先地位或者说具有真理和真象意义的表象构成；学术研究的主要目的就是探讨这个基础。他企图从根本上摧毁源于古希腊的西方哲学的认识论传统，宣布"后认识论"时代的来临。

2. 反本质主义

本质主义将现象和本质、外在和内在加以区分，并认为人们无法

耶鲁大学

越过主客之间的屏障而达到实在和客体。而反本质主义的根本特征就是放弃作出这样的区分。实用主义把现象和本质的区别看做只是人们对世界的描述方式的区别。这意味着传统哲学关于知识是否对世界的正确认识的问题被改造为其能否有效地为人所用的问题。实用主义想放弃认识事物与使用事物之间的区别。在反本质主义的口号下，罗蒂实际上要否定任何具有普遍性、确定性的东西，他所追求的不是一元的、而是多元的文化。

◆ 后现代主义与当代哲学的走向

从揭露西方传统和现代哲学的缺陷和矛盾来说，后现代主义的工作是很有价值的，至少能给人以启迪。他们所提出的反体系哲学和绝对一元论、反二元分立、反人类中心论、反绝对化的理性主义和非理性主义等主张在一定程度上的确反映了现代哲学发展的一种趋势。但他们的哲学并未真正超越现代哲学，仍然包含着现代哲学具有的种种矛盾，不能完全适应对西方哲学发展进行新的变更的要求，也不能真正体现西方哲学的当代走向。近几年来西方哲学家纷纷在讨论如何超越后现代主义，探索摆脱哲学困境的新的途径。

第六章

中国哲学

　　"哲学"这个词在中国出现，是近百年的事。在19世纪时，日本最早的西方哲学传播者西周使用汉字的"哲学"二字表述源于古代希腊的西方哲学学说。中国晚清的外交家兼学者黄遵宪，将这一词由日本介绍到中国来。进入20世纪后，中国学术界逐渐接受并开始用"哲学"一词表述中外古今的哲学学说，从而开始出现了"中国哲学"的概念，建立了"中国哲学"学科，开启了"中国哲学史"这门学问和这门课程。

　　但是，"哲学"一词晚近才在中国出现，并不意味着中国没有自己的哲学发生发展的实际进程，也并不意味着中国没有反思和研究自己哲学历史的传统，应当说，中国很早就产生了自己的哲学，并形成了反思和研究自己哲学的传统。"中国哲学"这门学科、"中国哲学史"这门学问和这门课程，在形成中无疑受到了西方哲学和西方哲学史研究的影响，但并不是用西方哲学史的框架对中国思想历史加以主观裁割而臆造出来的，而是有着自己实际的研究对象和自己悠久的研究传统。

中国哲学的特点

◆ 立足现实的态度

　　中国哲学家对人与世界的关系的思考，总是立足于现实世界。早在殷周之际，天命神权思想即开始动摇，发生了"天的人文化"过程；而春秋战国时期所产生的中国人文精神自身又具有消解宗教因素的作用，这就使得春秋末期以来的中国哲学家发展都立足于现实世界，很少有彼岸世界的成分。中国哲学强调"天人合一"，重视"百姓日用"，主张"极高明而道中庸"、"即世间而出世间"的思想，认为理想的追求、精神的超越是一种现实的追求和内在的超越。即便是主张超越的人文精神的道家，也是如此。

◆ 非实体性的思维

　　中国哲学家对人与世界的关系的思考，不是从分析对象世界入手，而是从考察对象世界的联系入手；不是追求决定这种关系的最终实体，而是探讨这种关系的各因素的联结及其功能。这一特点，从根本上说，是与中国古代农业文明相联系的。中国古代文化的最根本的特征，是悠久而不衰的农业文明。中国古代农业文明的兴起与繁荣，促成了中国古代自然科学的发展，这些自然科学学科的一个共同特点，就是把人与自然看作是一个有

213

机的整体，不是从整体中各元素的分析入手，而是从整体中各元素的联系入手，来把握对象世界。

中国古代的五行思想、阴阳思想、天地人相统一思想，都典型地体现了这种哲学智慧。孔子讲的"爱人"，墨子讲的"兼爱"，孟子讲的"恻隐之心"，荀子讲的"明分使群"，也都体现了这种哲学智慧。

荀　子

◆ 内圣外王的追求

中国哲学家对人与世界的关系的思考，虽然对人与自然的关系进行了探讨，但更重视对人与社会的关系和人自身进行探讨。

这种对于人的思考、探讨，又总是与伦理、政治、历史、文化相联系，表现出一种巨大的现实感和强烈的历史感。在中国哲学家那里，对智慧的追求，不仅仅是一种个人的兴趣、个人的爱好、个人的意志、个人的学问，而包含了一种对民族、对国家、对天下的崇高责任感。中国哲学家的哲学精神，不只是通过他的言论、他的文字、他的著作体现出来，而且通过他的行为、他的人格、他的德性、他的人生体现出来。司马迁在《史记·太史公自序》中引了一句孔子的话："我欲载之空言，不如见之于行事之深切著明也。"这句话可以说典型地标明了中国哲学的特点。

中国哲学的这一特点，在历史上形成了对"内圣"与"外王"的追求。所谓"内圣"，就是讲对人格的修养、自我的完善；所谓"外

司马迁

王"，就是讲以这种人格、自我去成治事功，实现治国平天下。中国哲学家的思想创造，总是体现了他们对"内圣外王"的理解和追求。张载的一段名言很能概括这种理解和追求。他说："为天地立心，为生民立命，为往圣继绝学，为万世开太平。"

◆ 不拘一格的表达

中国哲学家对人与世界的关系的思考，有其独特的表达方式。

由于中国哲学总是立足于现实，中国哲学家更为关注学问与人格的一致，因此在表达对人与世界的关系所作的理解时，中国哲学家不像西方哲学家重视运用逻辑方法建立明晰的体系，而是认为运用逻辑方式难以表达这种人生的智慧。老子就说过："道可道，非常道；名可名，非常名。"就是说，"道"，如果说得出来的话，就不是永恒的道；"名"，如果叫得出来的话，就不是永恒的名。哲学上的"道"与"名"，哲学所追求的

老子画像

智慧，不是用普通的逻辑方式与日常语言所能表达的。哲学智慧的表达方式，在中国哲学史上是不拘一格的，或采用语录的形式：或采用寓言的形式、或采用诗的形式、或采用注释前人著作的形式、或采用逻辑论证的形式、可以说是多种多样的。

中国古代哲学

◆ 先秦时期的哲学发展

春秋战国之际，中国古代社会处于由奴隶制向封建制过渡的时代。社会的大变动，进一步打破了奴隶主贵族对学术的垄断，促进了人们的思想解放，在当时新兴的士阶层中产生了一批杰出的哲学家。其中，最主要的有孔子创立的儒家学派、墨翟创立的墨家学派、老子创立的道家学派。儒、墨、道三家学说的产生，

墨 翟

标志着中国哲学由"前轴心时代"进入了"轴心时代"，产生了对以后几千年中国哲学发展都有重大影响的大哲学家。这些大哲学家的出现，拉开了先秦百家争鸣的局面。

1. 孔子：第一位教师

孔子（公元前551—公元前479年），字仲尼，鲁国陬邑（今山东曲阜）人。

孔子的祖辈原是宋国的贵族，由于宋国的内乱逃到鲁国，以后成为鲁人。孔子的父亲做过鲁国的下级军官。孔子三岁时就死了父亲，全靠母亲将他养大。孔母因与孔父没有正式的婚姻手续，因此受到社会的歧视。总之，孔子自幼年时起，已失去了贵族的地位，没有贵族子弟的气质，而走上了一条很实在的人生道路，成为新的士阶层的杰出代表人物。

从三十岁起，孔子开始致力于私人讲学，开辟了一条新的教育道路。孔子办学

孔子像

的基本纲领是"有教无类","学而优则仕"。据说他有"贤人七十,弟子三千"。这个数字有可能过于夸大,但他们之中确有不少出身贫贱之人,如颜回、曾参、公冶长等。通过办学,孔子吸引了一大批追随者,逐渐创立了中国历史上的第一个学派——儒家学派。

(1)孔子的"仁"

"仁"是孔子哲学的中心范畴。《论语》中提到"仁"达一百多次,从不同角度与层次揭示了"仁"的内涵。"仁"与"命"之不同,根本一点,就是"仁"是人的自我意识,而不是外在于人的东西。这种自我意识,是由人的精神自觉所产生的强烈的主体意识,它不是属于"天"的,不是归与"神"的,也不是与"他人"相联系的,而是人自身所产生、所具有的。孔子说:"为

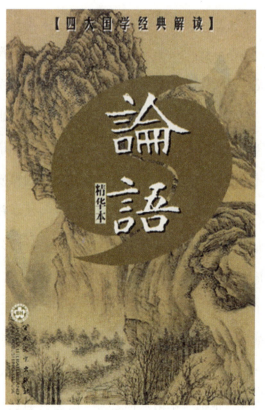

《论语》

仁由己，而由人乎哉？"（《颜渊》）"仁远乎哉？我欲仁，斯仁至矣。"（《述而》）这就冲破了天命神权思想的束缚，把人的自我意识解放出来，凸显出来，弘扬起来。这在中国哲学史上是一次伟大的思想飞跃。

（2）"孝弟"

在"仁"当中，最基本的内涵是"孝弟"。孔子的弟子有若说："孝弟也者，其为仁之本与！"（《学而》）

所谓"孝弟"，本是宗族奴隶制家庭关系的准则，起着维系宗法血缘纽带的作用。孝，指尊敬父母长者；弟，指爱护兄弟姐妹。在孔子看来，一个人的精神自觉，首先就通过"孝弟"体现出来，落实在"孝弟"之上，构成了人伦情结。因此，他把"孝弟"称之为"仁之本"，是"仁"的生根出发之处。

"仁"与"孝弟"的这种根源性的联结，反映了"仁"是深深地扎根于中国人的生活世界之中的。这是孔子所创立的儒家哲学的一个显著的特点。

（3）"忠恕之道"

他把"孝弟"原则作了进一步推广、扩大，由有血缘关系的人而推及没有血缘关系的人，由宗法血缘关系扩大为一般社会关系，响亮地提出"爱人"的人道主义精神。《论语》中记载："樊迟问仁，子曰'爱人'。"（《颜渊》）

孔子主张的"爱人"，如作进一步分析，就会发现包括两方面的内容。这就是："己欲立而立人，己欲达而达人。"（《雍也》）"己所不欲，勿施于人。"（《颜渊》）一方面是从肯定的方面讲：自己所希望达到的，也要使别人能达到；另一方面是从否定的方面讲：自己所不愿意的事情，就不要加在别人身上。这种推己及人的肯定方面，孔子称为"忠"；这种推己及人的否定方面，孔子称为"恕"。把这两个方面结合在一起，就叫"忠恕之道"。

（4）"中庸之道"

"中庸之道"是孔子提出的看待社会现实、解决社会矛盾的方法论。"中庸之道"的总特征，就是承认矛盾，而又调和矛盾，达到矛盾双方的和调。用孔子的话说，一是"执两"，二是"用中"。

孔子画像

① "执两"

孔子认为，认识事物与解决问题，都必须重视对立着的矛盾双方。他把对立着的矛盾双方概括为"两端"。他说："吾有知乎哉？无知也。有鄙夫问于我，空空如也。我叩其两端而竭焉。"（《子罕》）当人们向他提问时，孔子总是从事物的不同方面加以分析、思考，然后把问题综合起来予以回答。他又说："攻乎异端，其害也已。"（《为政》）意为处理问题只抓住矛盾的一个方面，而丢掉另一个方面，就会造成危害。

②"用中"

孔子又认为，人们不仅应当承认事物的矛盾，而且要采取折中的办法，调和矛盾，做到无"过"、无"不及"，实现矛盾双方的和调。他把这种方法概括为"执其两端，用其中于民"（《中庸》第六章），认为"执两"就是为了"用中"。所谓"中庸"，意思也就是"用中"。"用中"的结果，就是"和"。在孔子看来，这种"用中"以达到"和"，是极为重要的。孔子强调要把中庸之道贯彻于人的生活、人的活动的方方面面。

2. 墨子：孔子的第一个反对者

墨子（约公元前476—公元前390年），名翟，鲁国人（一说宋国人），工匠出身，后来做过宋国大夫，是战国初期个体小生产者的思想代表，墨家学派的创始人。

墨子早年曾"学儒者之业，受孔子之术"，但对儒家重视周礼不满，认为这是"靡财贫民"。他提出"背周道而用夏政"，反对孔子复周礼的主张，并进而创立与孔子思想相对立的思想体系，提出自己的社会理想和认识理论，形成墨家学派。

墨家学派是一个组织严密的带有宗教色彩的禁欲主义团体，其成员称为"墨者"，多半来自于从事生产劳作的社会下层，生活刻苦，严守纪律，为宣传和实践墨子的政治主张和社会理想奔走于各国之间，富有舍身殉道的牺牲精神。古代文献记载说："墨子服役者百八十八人，皆可使赴火蹈刃，死不还踵"（《淮南子·泰族

墨子画像

训》）。墨家学派在墨子死后分为三派，统称为后期墨家。后期墨家重视自然科学和逻辑学研究，对中国古代几何学、力学、光学的发展及古代形式逻辑体系的建立作出了重要贡献。

（1）"兼以易别"的社会理想

墨子也重视人。但他对于人的重视与孔子有所不同。孔子强调"士"的自觉，着重于塑造知识分子的理想人格；而墨子则突出了"众"的意义，关心天下民众的疾苦。孔子多多少少还残存着一点贵族气，瞧不起"下愚"，认为农业生产之事不需学习，而墨子则是一位平民思想家，重视生产，重视实际功利，重视天下民众的现实利益。

孔子与墨子都讲"仁"，但对"仁"的理解并不相同：孔子讲"仁"重在讲"为仁由己"，其"推己及人"只是比较抽象的"忠恕之道"；而墨子讲"仁"重在讲为天下兴利除害，强调："仁人之事者，务求兴天下之利，除天下之害。"（《兼爱下》）在中国哲学史上，这样的平民思想家是不多见的。

（2）"兼爱"

墨子作为小生产者的思想代表，对战国初期激烈的社会冲突和频繁的兼并战争深恶痛绝。在他看来，社会动荡、战乱不已的根源，就于社会上存在着等级差别及由此而来的种种矛盾。他把这些社会差别和社会矛盾称作"别"。所谓"兼"，就是视天下为一体，不分人与我、彼与此。墨子认为，只有"兼以易别"（《兼爱下》），用"兼"来代替"别"才能消除这种不公正不合理的现象。墨子说，这种"兼"的关系，本质上是一种"爱"的关系，即"天下之人皆相爱"。这种"兼爱"，对于天下这人来说，都是有"利"的。因此，"兼相爱"与"交相利"是联系在一起的，是以人们的实际利益为基础的。

（3）"非攻"

墨子认为，要实现"兼爱"，还必须解决一个国与国之间的关系问题。当时正是各诸侯国之间战争频繁之际，频繁的战争给各国人民带来了深重的灾难，墨子对此深恶痛绝，坚决反对。他提出了"非攻"的主张，作为他的理想社会的一个重要原则。

（4）名实关系

名实关系在孔子那里就提出了。孔子认为春秋时期名实关系混乱，君不君，臣不臣，父不父，子不子；而要大治天下，就必须进行"正名"，即按照周礼所规定的名分来纠正当时社会大变革的实际情况。这就把"名"说成是第一性的，把"实"说成是从属于"名"的。

墨子反对这种观点，明确地把名实关系问题作为哲学问题提出来，指出只有"实"才是第一性的，"名"必须与"实"相符合。他说，盲人之所以不能区别黑白，并不是他们不知道"黑"、"白"的概念，而是无法感知认识的对象，失去了辨别、选择黑白的能力。由此可见，"实"是不依赖于"名"而独立存在的，反映客观事物的"名"只能根据具体的"实"来取舍。

3. 老子的哲学思想

老子是道家学派的创始人。《史记》中列举了三个老子。现在的大多数学者都认为，老子就是老聃。老聃，姓李名耳，楚国苦县（今河南鹿邑）人，曾做过东周守藏史，是掌管国家图书馆的官吏。老子是一个见闻广博、知识丰富的学者，相传孔子曾向他请教过周礼。

（1）作为世界万物总根源的"道"

老子认为，"道"是世界万物的总根源，整个宇宙都是从"道"中生化出来的。"道"的本意是指道路。春秋时期，人们又用"道"来表示自然天象的运行规律和人类社会的行为准则，如"天道"、"人道"等。这种具有本体意义的

老子像

"道"，具有两重涵义：一是指世界万物的总根源，一是指世界万物的总规律。

老子说："道生一，一生二，二生三，三生万物，万物负阴而抱阳，冲气以为和。"

老子哲学思想的一个最显著的特点，就是第一次把"道"作为哲学最高范畴并予以了较系统的论证，从而在人们的现实生活世界之上又开辟出了一个"道"的形上世界，开启了中国古代哲学本体论的发展。

（2）"小国寡民"的社会历史观

老子思想中主张"守弱"的特点，反映到社会历史观方面，就形成了批判文明、主张复古的乌托邦理论。老子所描绘的理想国，是一个"小国寡民"的社会，也是一个"搁置"一切文明成果的社会。在这个社会里，虽有各种器物，但都弃之不用。人们不需要舟车，不需要甲兵，不需要文字，不需要任何信息，"邻国相望，鸡犬之声相闻，民至老死不相往来"。

（3）无为而治

在老子看来，统治者要保持自己的统治，就必须"常使民无知无欲，使夫智者不敢为"，让民众没有过多的要求和欲望；另一方面，统治者也要学会装糊涂，表现出"无为""不争"，这样就可以在政治生活中处于

老子像

主动地位。"为无为，则无不治。""以其不争，故天下莫能与之争。"老子的无为而治，也对以后中国政治思想和现实政治发生了深刻的影响。在历史上，无为政治与有为政治总是相辅相成的。西汉初年，就通过无为政治取得了"文景之治"的成效。

4. 庄子的哲学

庄子（约前369年—前286年），名周，字子休（一说子沐），战国时代宋国蒙（今安徽省亳州市蒙城县人）。著名思想家、哲学家、文学家，是道家学派的代表人物，老子哲学思想的继承者和发展者，先秦庄子学派的创始人。他的学说涵盖着当时社会生活的方方面面，但根本精神还是归依于老子的哲学。后世将他与老子并称为"老庄"，他们的哲学为"老庄哲学"。

（1）庄子的天道观

从天道观上来看，庄子集成了老子的思想，但其性多元论对老子道一元论有所消解。庄子认为这个自本自根而又天生天地的道并不完全在万物之上，而就在万物之中。道为宇宙本源，具有逻辑的存在性，普遍性，超越性。道是一个整体，其特征为通。道是自本自根的。道是不可感知与言说的，庄子有时以道为全以万物为偏，具体事物有成有毁，而万物则无。

（2）庄子的人生境界

庄子认为人的本性是自然，自然是自由，人性非主宰性，所以他崇尚逍遥游。他认为"逍遥"的境界是"无所待"，真正的自由是不依赖于任何条件，无所待而游于无空，这既是庄子追求的生活境界，即道的自由世界，要达到这样的绝

庄子像

对自由的境界，不仅要摆脱一切客观条件的束缚，更重要的是要摆脱个人肉体的和精神的条件限制，真正做到"无己"。庄子的人生最高境界即"与道同体"的解脱自在，"各适其性"的自由观的前提是"与物同化"的平等观。

5. 儒家的理想主义派：孟子

孟子（公元前371—前289年），名轲，字子舆，是鲁国邹（今山东省南部）人。他从孔子的孙子子思的门人学习儒家学说。曾游说各国诸侯，但是他们都不听从他的学说。最后他只好回来与弟子们作《孟子》七篇。这部书记载了孟子与诸侯、与弟子的谈话。《孟子》后来被推崇为"四书"之一，"四书"是近千年来儒家教育的基础。孟子代表儒家的理想主义的一翼，稍晚的荀子代表儒家的现实主义的一翼。

孟子说人性善，他的意思并不是说，每个人生下来就是孔子，就是圣人。他认为人性内有种种善的成分。他的确承认，也还有些其他成分，本身无所谓善恶，若不适当控制，就会通向恶。这些成分就是人与其他动物共有的成分。这些成分代表着人的生命的"动物"方面，严格地说，不应当认为是"人"性部分。

孟子提出大量论证，来支持性善说，有段论证是："人皆有不忍人之心。……今人乍见孺子将入于井，皆有沭惕恻隐之心。……由是观之，无恻隐之心，非人也；无羞恶之心，非人也；无辞让之心，非人也；无是非之心，非人也。恻隐之心，仁之端也；羞恶之心，义之端也；辞让之心，礼之端也；是非之心，智之端也。人之有是四端也，犹其有四体也。……凡有四端于我者，知皆扩而充之矣。若火之始然，泉之始达。苟能充之，足以保四海；苟不充之，不足以事父母。"（《孟子·公孙丑上》）

一切人的本性中都有此"四端"，若充分扩充，就变成四种"常德"，即儒家极其强调的仁、

孟子像

义、礼、智。人之所以异于禽兽，就在于有此"四端"。所以应当发展"四端"，因为只有通过发展"四端"人才能真正成为"人"。

6. 儒家的现实主义派：荀子

荀子（前313年—前238年）名况，字卿，后避汉宣帝讳，改称孙卿。战国时期赵国猗氏（今山西安泽）人，著名思想家、文学家、政论家，儒家重要代表人物之一，对儒家思想有所发展，提倡性恶论，常被与孟子的性善论比较。荀子的思想对重整儒家典籍有相当的贡献。

荀子的思想偏向经验以及人事方面，是从社会脉络方面出发，重视社会秩序，反对神秘主义的思想，重视人为的努力。孔子的中

荀子像

心思想为"仁"，孟子的中心思想为"义"，荀子继二人后提出"礼"，重视社会上人们行为的规范。以孔子为圣人，但反对孟子和子思为首的"思孟学派"哲学思想，认为子弓与自己才是继承孔子思想的学者。荀子认为人与生俱来就想满足欲望，若欲望得不到满足便会发生争执，因此主张人性本恶，须要由圣王及礼法的教化来"化性起伪"，使人格提高。

（1）天道观

荀子认为，"天"就是客观存在的自然界，自然界具有不以人意志为转移的规律性，"天行有常，不为尧存，不为桀亡，应之以治则吉，应之以乱则凶"（《荀子·天论》）。他从承认自然界的客观性、规律性出发，提出了"天人相分"的观点，在主张尊重自然规律的基础上，荀子进一步提出了

发挥人的主观能动性，"制天命而用之"的控制、发行、征服自然的思想，"大天而思之，孰与物畜而制之；从天而颁之，孰与制天命而用之；望时而待之；孰与应时而使之，因物而多之，孰与骋能而化之；思物而物之，孰与理物而勿失之也；愿于物之所以生，孰与有物之所以成。故错人而思天，则失万物之情"（《荀子·天论》）。荀子的这一系列富于唯物论性质的思想，在先秦诸子关于天道观的争辩中，独树一帜，它发扬了理性的精神，因此具有很高的理论价值。

（2）性恶论

在人性论方面，荀子提出了与孟子"性善"论截然相反的"性恶"论的观点。他认为，人性是与生俱来的、质朴的一种自然属性，"凡性者，天之就也，不可学，不可事，……而在人者，谓之

性"(《荀子·性恶》),表现为"铠而欲饱,寒而欲暖,劳而欲休"(《荀子·性恶》)。而人性的"善"则是后天人为(即"伪")的,"人之性恶,其善者伪也"(《荀子·性恶》)。"善"是后天环境和教化学习的结果,"礼义者,圣人之所生也,人之所学而能,所事而成者也……可学而能、可事而成之在人才,谓之伪"(《荀子·性恶》)。先天赋予的"性"和后天学事的"伪"是一对矛盾,要解决矛盾通过"化性起伪",就是通过学、事而改变"性"。"性"和"伪"是对立统一的,"无性则伪无所加,无伪则性不能自美",只有做到"性伪合,然后成圣人之名,一天下之功于是就也。"(《荀子·礼论》)。荀子的"性恶"论与孟子的"性善"论有极大的区别,但就通过所谓的"圣王之教"来教育感化民众这一目的而言,他们又是一致的。

7.阴阳家

阴阳家出于方士。《汉书·艺术志》根据刘歆《七略·术数略》,把方士的术数

荀子画像

分为六种。分别是天文、历谱、五行、蓍龟、杂占和形法。

"阴阳"的概念，最早见于《易经》，"五行"的概念最早见于《尚书》，但两种观念的产生，可以追溯到更久远的年代。《尚书·洪范》"五行：一曰水，二曰火，三曰木，四曰金，五曰土。"古人认为，宇宙万物就是由这五种基本物质构成的。它也是关于宇宙社会属性及其变化规律的范畴系统。五行的"行"字，有"运行"之意，故五行中包含着一个非常重要的观念，便是变动运转的观念，也就是"相生"与"相克"。

到战国时代，阴阳和五行渐渐合流，形成一种新的观念模式，便是以"阴阳消息，五行转移"为理论基础的宇宙观。阴阳家是战国时期的重要学派之一，因提倡阴阳五行学说，并用它解释社会人事而得名。这一学派，当源于上古执掌天文历数的统治阶层，也称"阴阳五行学派"或"阴阳五行家"。

阴阳家的主要人物是邹衍。据司马迁《史记》记载，邹衍是齐国（今山东省中部）人，在孟子之后不久。

邹衍把《尚书·洪范》的五行观改造为"五德终始"说，认为历代王朝的更替兴衰均由五行所主运；在政治伦理上，亦"止乎仁义节俭，君臣上下六亲之施"，赞成儒家仁义学说。"五德"指五行的属性，即土德、木德、金德、水德、火德。按阴阳家的说法，宇宙万物与五行对应，各具其德，而天道的运行，人世的变迁，王朝的更替等，则是"五德转移"的结果。其目的在为当时的社会变革进行论证，但却陷入了历史循环论。

8．韩非：法家的集大成者

韩非，法家的集大成者。原为韩国贵族，与李斯同师。他擅长著书，著《韩非子》五十五篇。富于讽刺意味的是，秦国比别的任何国家都更彻底地实行了韩非的学说，可是他却是死在秦国的狱中，这是公元前233年的事。他的同学李斯在秦国做官，嫉妒韩非在秦日益得宠，于是使用政治手段将其杀害。

法家是先秦诸子中对法律最为重视的一派。他们以主张"法治"而闻名，而且提出了一整套的理论和方法。这为后来建立的中央集权的秦朝提供了有效的理论依据，后来的汉朝也继承了秦朝的集权体制以及法律体制，这就是我国古代封建社会的政治与法制主体。

（1）反对礼制

法家重视法律，而反对儒家的"礼"。他们认为，当时的新兴地主阶级反对贵族垄断经济和政治利益的世袭特权，要求土地私有和按功劳与才干授予官职，这是很公平的、正

韩非

确的主张。而维护贵族特权的礼制则是落后的、不公平的。

（2）"不法古，不循今"的历史观

法家反对保守的复古思想，主张锐意改革。他们认为历史是向前发展的，一切的法律和制度都要随历史的发展而发展，既不能复古倒退，也不能因循守旧。商鞅明确地提出了"不法古，不循今"的主张。韩非则更进一步发展了商鞅的主张，提出"时移而治不易者乱"，他把守旧的儒家讽刺为守株待兔的愚蠢之人。

（3）"法""术""势"结合的治国方略

商鞅、慎到、申不害三人分别提倡重法、重势、重术，各有特点。到了法家思想的集大成者韩非时，韩非提出了将三者紧密结合的思想。法是指健全法制，势指的是君主的权势，要独掌军政大权，术是指的驾御群臣、掌握政权、推行法令的策略和手段。主要是察觉、防止犯上作乱，维护君主地位。

◆ **秦汉时期的哲学思潮**

秦汉之际是新兴地主阶级建立和巩固统一的中央集权的封建国家的重要时期。新兴地主阶级的思想家为了建构适应封建大一统的思想体系，进行了艰苦的理论探索，对封建大一统的指导思想及其理论重心进行了反复的选择。这种探讨和选择，造成了这一时期各种哲学思潮的互相争鸣和相互激荡。

1．黄老之学

秦汉之际的新道家，又被称之为黄老之学。黄老之学本是先秦道家的一支，以传说中的黄帝与老子相配，把黄帝与老子共同尊为道家的创始人，其思想在战国后期已经比较广泛地流行，而至汉初产生了相当大的影响。

黄老之学继承、改造了老子"道"的思想，认为"道"作为客观必然性，"虚同为一，恒一而止"，"人皆用之，莫见其形"。在社会政治领域，黄老之学强调"道生法"，主张"是非有分，以法断之，虚静谨听，以法为符"。认为君主应"无为而治""省苛事，薄赋敛，毋夺民时"。上述主张在汉初产生了一定影响，出现了"文景之治"。

2．新法家思潮

汉初的新法家，与先秦法家的最大不同之处，就在于他们对于秦亡的教训进行了深刻的反省，批判了韩非的极端化的思维模式和秦始皇对于暴力、专政的迷信。同时，他们又继承了先秦法家力主革新的传统，针对西汉王朝所面临的严重社会问题提出了最激进的改革措施，希望通过进一步的大刀阔斧的改革来巩固中央集权的大一统封建国家。

贾谊（公元前200—前168年），西汉初年著名的青年政论家、文学家、思想家。他少年博学，二十岁时即因精通诸子百家之学而被推荐为博士，深得汉文帝的信用。他提出了一系列的改革主张，遭到了许多资深大臣的反对，旋被贬谪，被派到远离长安的长沙做有职无权的闲官，郁闷而早逝，卒时仅三十三岁。司马迁在《史记》中将贾谊与屈原同列一传，把他们看作是经历相似的悲剧性人物。

贾谊推进并发挥了先秦以来的中国古代矛盾学说。但与韩非不同，他强调对矛盾的过程作具体的分析，反对把矛盾双方的斗争性的一面夸大，反对简单采用一方"吃掉"另一方的方式来解决现实中的各种矛盾。他的矛盾观是现实的、理性的，也是机智的、灵活的，显示着辩证法的智慧。

3．新儒家思潮

秦王朝的"焚书坑儒"，固然对儒学是一种沉重打击，但并没有能够阻止儒学的发展。西汉初期，一些儒家学者又开始活跃起来。他们对先秦儒家经典作了新的解释和发挥，从而形成了汉初的新

贾谊画像

儒家思潮。

新儒家思潮的集大成者是董仲舒。董仲舒（前179—前104年），西汉时期哲学家、思想家。以儒学为宗，吸收阴阳五行学说，建立了以"天人感应"为核心的神学唯心主义思想体系，宣称天是百神之大君。认为人本于天；天人相类，人副天数，天人相互感应；"王道之三纲，可求于天"，天也会以灾异"谴告"人。董仲舒的理论，一方面维护君权的尊严；另一方面又用天意限制君权的膨胀。但总体来说，天人感应说牵强附会，带有浓厚的神秘色彩，有碍人们正确地认识自然和社会。董仲舒宣扬这一学说，也包含着维护封建地主阶级长远利益的目的。

董仲舒从今文经学派的立场出发，上承孔孟儒学思想源头，下接秦汉之际的新儒家思潮，综合、改造了先秦诸子的思想资源，建构了一套以发挥《春秋公羊传》思想为中心的新儒学体系。这一体系适应了新兴封建统治者巩固大一统国家的政治需要，终于在汉武帝时取代新道家，一跃而为封建统治思想的正宗。

4．王　充

王充（约公元27—100年），东汉杰出的唯物主义思想家和教育家。他否定了天人感应论，推翻了汉儒神学唯心主义体系的理论基础。王充对"天人感应"的批判，是以他的元气论为其基础和出发点的。

（1）元气论

王充吸取了先秦思想家关于"气"的思想资料，也吸取了汉代科学成果，对"气"作了新的规定，形成了比较完整的元气论。

他认为，"气"是构成天地

董仲舒像

万物的统一的物质元素。万物与人类都是由元气凝聚而成的，物坏人死之后形体又散而为元气，复归于元气。这是一个"自生"、"无为"的物质变化过程。由元气凝聚而成的万物与人都有生有死，而元气以及含气、施气的天地却是无始无终、永恒存在的。在"气"的这种本原性的意义上，"气"又称为"元气"，"元"也就是"始"的意思。在王充那里，"气"与"元气"往往是等同的。正如他所说："人禀气于天"，又说："人禀元气于天"（皆见《论衡·无形》）。这种元气是"无欲，无为，无事"（《论衡·自然》）的物质存在，是没有感觉、没有意志、没有目的性的。元气就性质言，有阴气与阳气之分，二者相辅相成，构成宇宙万物。

王充的这些思想，论证了元气的物质性，进而揭示了世界的物质统一性，把中国古代的气论推向了一个新的阶段。由此出发，他反对把自然现象拟人化，反对把社会现象神秘化，对"天"与"人"作了唯物主义的还原。

（2）批判"天人感应"

王充画像

在对"天"与"人"分别进行还原的基础上，王充对当时盛行的"天人感应"神秘主义进行了勇敢的批判。王充指出，"天"与"人"既然都是元气所构成的，"天"不是人格神式的主宰者、支配者，那么在"天"与"人"之间就不可能有什么神秘的感应关系。他明确地说："夫人不能以行感天，天亦不随行而应人。"（《论衡·明雩》）在这里，王充断然地否定了董仲舒所主张的"天人感应"。由此出发，王充根据元气论，进一步揭穿了建立在"天人感应"基础上的"符瑞""谴告"的虚妄性和欺骗性。

◆ 宋元明清时期的哲学发展

1．"太虚即气"的宇宙论

张载（公元1020—1077年），字子厚，原籍大梁（今河南开封），生于长安（今陕西西安），久居凤翔府郿县（今陕西眉县）横渠镇讲学，世称横渠先生。由于他长期在关中讲学，其所创学派被称为"关学"。

张载认为，整个世界是物质性的元气构成的。由元气构成的世界，可以划分为两种形态：一是无形的"太虚"，一是有形的"万物"。"太虚"与"万物"，都是同一物质实体——"气"的存在形式。首先，张载认为"太虚"与"万物"有着性质与状态的不同。他说："太虚无形，气之本体，其聚其散，变化之客形尔。"（《正蒙·太和》）"太虚"是气散而未聚的本然状态，这是永恒的存在；"万物"则是气的暂时凝聚的状态，这不是永恒的存在。因此，一是"本体"，另一是"客形"。

其次，"太虚"与"万物"

张载祠

又非截然对置的。"太虚"与"万物"通过"气"的聚散而相互转化，由之而造成了"万物"的聚散变化，造成了变化运动中的世界："太虚不能无气，气不能不聚而为万物，万物不能不散而为太虚。"（《正蒙·太和》）

再次，张载强调，不论是"太虚"还是"万物"，都是由"气"所构成的客观的物质存在。"太虚"并不是如佛教、玄学所讲的非物质的"无""空"。气之聚为有形有象的"万物"，不是无中生有；气之散为无形无象的"太虚"，亦非由生而灭。他说，气凝聚为"万物"的时候，人可以用眼睛观察到；气散复归于"太虚"的时候，人就无法看得见。但是看不

见的东西只是微而不显罢了，不能说它是绝对的"无""空"。因此，他的结论是："知太虚即气则无'无'。"（《正蒙·太和》）

张载的宇宙论已近乎本体论了。可以说，他是第一个从宇宙论与本体论相结合的高度系统批评玄学、佛教本体论的哲学家。他说，玄学以"无"为本，认为"有"生于"无"，必会导致"体用殊绝"：佛教以"空"为本，认为万物待缘而起，必会导致"形自形，性自性"，"以山河大地为见病"（《正蒙·太和》）。

2．朱熹的理学

朱熹（1130—1200年），中国南宋思想家。字元晦，号晦庵。徽州婺源（今属江西）人。朱熹早年出入佛、道。31岁正式拜程颐的三传弟子李侗为师，专心儒学，成为程颢、程颐之后儒学的重要人物。

朱熹认为在超现实、超社会之上存在一种标准，它是人们一切行为的标准，即"天理"。只有去发现（格物穷理）和遵循天理，才是真、善、美。而破坏这种真、善、美的是"人欲"。因此，他提出"存在理，灭人欲"。这就是朱熹客观唯心主义思想的核心。

（1）理气论

朱熹继承周敦颐、二程，兼采释、道各家思想，形成了一个庞大的哲学体系。这一体系的核心范畴是"理"，或称"道"、"太极"。朱熹所谓的理，有几方面互相联系的含义：①理是先于自然现象和社会现象的形而上者。②理是事物的规律。③理是伦理道德的基本准则。朱熹又称理为太极，是天地万物之理的总体，即总万理的那个理一。"太极只是一个理字"。太极既包括万物之理，万物便可分

朱熹画像

别体现整个太极。朱熹认为理和气的关系有主有次。理生气并寓于气中，理为主，为先，是第一性的，气为客，为后，是第二性。

（2）格物致知论

朱熹用《大学》"致知在格物"的命题，探讨认识领域中的理论问题。在认识来源问题上，朱熹既讲人生而有知的先验论，也不否认见闻之知。他强调穷理离不得格物，即物才能穷其理。朱熹探讨了知行关系。他认为知先行后，行重

知轻。从知识来源上说，知在先；从社会效果上看，知轻行重。而且知行互发，"知之愈明，则行之愈笃；则知之益明"。

3．王夫之的哲学思想

王夫之（公元1619—1692年），字而农，号姜斋，又号船山，衡阳（今属湖南）人。王夫之是明清之际最杰出的哲学家，建构了博大精深的哲学体系，成为中国传统哲学的总结者、集大成者，并于其中孕育了一些近代哲学的新因素，成为早期启蒙哲学的代表者。王夫之的哲学体系，包括了本体论、辩证法、历史观、认识论等多方面的内容，对后世产生了深远的影响。而他的这些哲学创造，又是与他的时代和他对时代的体验密不可分。

在本体论方面，王夫之发展了张载"知太虚即气则无"的思想，

对"气"范畴给以新的哲学规定，对理气关系、道器关系问题，进行了较深入的理论探讨，作了明确的唯物主义解释。

他认为，整个宇宙除了"气"，更无他物。他还指出"气"只有聚散、往来而没有增减、生灭，所谓有无、虚实等，都只有"气"的聚散、往来、屈伸的运动形态。他按当时科学发展水平，举例论证"气"的永恒不灭性，认为这种永恒无限的"气"乃是一种实体，并提出"太虚，一实者也"，"充满两间，皆一实之府"等命题，力图对物质世界最根本的属性进行更高的哲学抽象。他还认为，客观世界万事万物的本质和现象都是客观实在的，"从其用而知其体之有""日观化而渐得其原"，可以通过认识各种物质现象而概括出它们的共同本质，从而否

定了唯心主义空无本体的虚构。

在理气关系问题上，王夫之坚持"理依于气"的气本论，驳斥了程朱理学以理为本的观点。他强调"气"是阴阳变化的实体，理乃是变化过程所呈现出的规律性。理是气之理，理外没有虚托孤立的理。从而批判了从周敦颐到朱熹所坚持的气外求理的唯心主义理论。王夫

王夫之画像

之结合对"统心、性、天于理"的客观唯心主义体系的批判，强调指出："盖言心言性，言天言理，俱必在气上说，若无气处，则俱无也。"明确地坚持了唯物主义的气本论。

中国近现代哲学

经历了从半殖民地半封建社会向社会主义社会转变的历史时期，近代中国哲学是围绕着"中国向何处去"这一近代中国社会的中心问题展开的。从1840年的鸦片战争到1894年的中日甲午战争期间，是中国近代哲学的酝酿准备时期，以龚自珍、魏源、洪秀全、郑观应等人的哲学为代表。戊戌变法时期资产阶级改良派康有为、梁启超、谭嗣同、严复等人较为系统地提出了自己的哲学思想，标志着资产阶级哲学的形成，其后资产阶级革命派孙中山、章太炎把资产阶级哲学进一步推向前进。20世纪初，在俄国十月社会主义革命和五四运动影响下，李大钊、陈独秀等人接受了马克思主义哲学，五四运动以后马克思主义哲学在中国逐渐传播，与中国革命实践相结合，形成了中国化的马克思主义哲学，即毛泽东哲学思想，它的形成在中国哲学的发展史上具有划时代的意义。为正确解决中国向何处去的问题奠定了理论基础。这一时期的中国哲学还受到来自西方资产阶级哲学的影响，出现了"新理学"、"新唯实论"等哲学体系。

1. 自然观

早期的近代哲学仍沿用传统

哲学"天地"、"太极"等范畴说明宇宙。从康有为等人开始，将西方近代自然科学知识引入哲学，以"光电"、"以太"说明宇宙的本原，孙中山比较自觉地把自己的自然观建立在自然科学的基础之上。但这一时期的哲学往往直接引用自然科学理论说明自己的自然观，未做出哲学的概括。中国近代的科学宇宙观是在马克思主义指导下建立的，瞿秋白、李达以客观存在的"物质"作为世界的本原，宣传了辩证唯物主义自然观的基本观点。

2．社会历史观

由于社会问题的紧迫，社会历史问题一向尤为近代思想家所重视。早期，龚自珍、洪秀全等分别以《春秋公羊传》和被改造了的基督教神学解释历史。戊戌变法时，康有为提出"三世说"，将历史分为"据乱世"（实行君主专制）、"升平世"（实行君主立宪）、"太平世"（实行民主）3个阶段以说明历史的进化，期冀圣哲出现，通过"以心挽劫"实现历史的进步。章太炎提出"俱分进化"的理论，认为人类社会的苦和乐、善与恶等是同时并进的，对历史发展抱悲观态度。孙中山倡导民生史观，认为"民生为社会进步的重心"，重视经济生活在历史发展中的作用，但把历史发展的原因归结为"人类求生存"的欲望。五四运动以后，李大钊、李达、毛泽东等人以历史唯物主义的观点解释历史。李达在《社会学大纲》中对唯物史观进行了系统阐述。毛泽东在20世纪40年代提出"只有人民才是创造世界历史的动力"，坚持群众观点、群众路线，从而发展了马克思主义的唯物史观。

3．发展观

处于变动时代的中国近代哲学家普遍重视发展、变易。但大都把历史的变化发展动力理解为"心力"、"天之所演"，在对"渐变"与"突变"的认识上也存在争议。五四运动以后，李大钊、瞿秋白、李达等人都对辩证唯物主义发展观作了阐释、介绍。毛泽东写作了《矛盾论》，把马克思主义与中国革命实践相结合，提出了具有中国特色的唯物辩证法的发展理论。

4．知行观

近代哲学有比较丰富的认识论思想。魏源提倡"彻悟心源"，"及之而后知"，强调"行"的重要性。谭嗣同主张名决定于实，但"贵知不贵行"。严复则宣传建立在实证科学基础上的唯物主义经验论。孙中山提出"知难行易"说，深入论证了知先行后、知行转化的问题。新民主主义革命时期，马克思主义认识论在中国广泛传播。李达的《社会学大纲》，毛泽东的《实践论》、《新民主主义论》等著作对马克思主义认识论进行了系统的阐述，毛泽东指出"实践、认识、再实践、再认识"循环往复、无限发展是人类认识发展的基本规律，把马克思主义认识论的基本特征概括为"能动的革命的反映论"，提出"实事求是"的原则，对中国哲学关于知行问题的讨论进行了科学的总结。

1949年，中华人民共和国成立，开辟了中国历史的新纪元，中国哲学也进入了新的发展阶段。中国现代哲学继承了传统哲学的优秀成果，运用马克思主义哲学的普遍原理作为指导，联系中国社会政治、经济、思想、文化等现实情况进行深入的哲学思考，取得了新的进展。1978年中国哲学界关于真理标准的大讨论，得出实践是检验真理标准的正确结论，在新的历史条件下实现了一次新的思想解放，具有深远的历史意义。